英国皇家特种部队教官

权威教程

怀斯曼体能训练手册

[英]约翰·怀斯曼/著　李　斯/译

全面身心训练解决方案

THE SAS
PERSONAL
TRAINER

北方文艺出版社

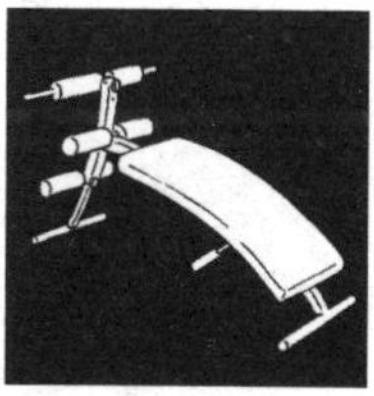

黑版贸审字 08-2007-084号
原书名：The SAS Personal Trainer

图书在版编目（CIP）数据

怀斯曼体能训练手册 / (英) 约翰·怀斯曼著；李斯译. —哈尔滨：北方文艺出版社, 2016.11（2019.9重印）
书名原文: The SAS Personal Trainer
ISBN 978-7-5317-3707-0

Ⅰ. ①怀… Ⅱ. ①约… ②李… Ⅲ. ①体能—身体训练—手册 Ⅳ. ①G808.14-62

中国版本图书馆CIP数据核字（2016）第209218号

怀斯曼体能训练手册
HUAISIMAN TINENG XUNLIAN SHOUCE

作　　者　［英］约翰·怀斯曼
译　　者　李　斯
责任编辑　王金秋　赵　芳
出版发行　北方文艺出版社
地　　址　哈尔滨市南岗区林兴路哈师大文化产业园D栋526室
网　　址　http://www.bfwy.com
邮　　编　150080
电子信箱　bfwy@bfwy.com
经　　销　新华书店
印　　刷　固安县京平诚乾印刷有限公司
开　　本　710×1000　1/16
印　　张　15
字　　数　200千
版　　次　2016年11月第1版
印　　次　2019年9月第2次印刷
定　　价　49.00元
书　　号　ISBN 978-7-5317-3707-0

序

本书是一本非常实用的自助强身训练手册，内容涉及力量、耐力、灵巧性、营养摄取、心理承受力等。此前我曾经推荐过他写的《怀斯曼生存手册》。怀斯曼在英国皇家特种部队担任教官长达26年之久，具有丰富的野外求生和强身健体经验，这本书是非常实用的训练手册。该书列有完整科学的训练计划，配以简明扼要的线描插图，通过一整套完整的训练方案，从一日三餐开始，达到日常的强身健体目的，非常适合日益严重的市民健康状况。

强壮健康的身体是美丽人生赖以存在的基础。要生存，仅仅靠掌握生存技巧是不够的，还需要足够强健的体魄实现它。很多人对自己的汽车无微不至，清洗打蜡，关怀有加，但对人生最宝贵的财产——身体，则往往听之任之漠不关心。汽车、家用电器、房屋装修……都可以升级换代，而我们的身体却只有一个。

强壮的身体是实现人生所有目标的基础，是人类任何伟大梦想的承载体。人一旦失去健康，即使拥有再庞大的家业，再伟大的计划，再精良的装备，再娴熟的技巧也无济于事。所以我们应该像清扫住房、保养汽车那样对身体定期维护，减少生病的概率，把身心调整到最佳状态，这样才能拥有幸福快乐的家庭、进入和谐的最佳工作状态。

现在我们不得不面临生活中的各种压力。紧张的都市生活使我们胃口不佳、睡眠不足、心情烦躁不安、失去工作的自信，而科学恰当的体能训练有助于人类各个器官逐渐恢复到正常的工作水平。人们日常生活中需要杰出的爆发力、耐久力和柔韧性，本书附有大量的插图，简明扼要地告诉读者如何提高这三方面的表现，简单到从一日三餐饮食起居开始。这本非常实用的手册特别适合 20 ~ 35 岁的年轻白领阶层，学生，旅游爱好者和喜欢探险的户外运动爱好者。读者可以根据自己的实际情况安排相应的训练计划，省去一大笔请教练或进健身俱乐部的高额花费。和《怀斯曼生存手册》一样，本书同样是英国皇家特种部队的权威教程，是英国专家为精英人士量身打造的。

本书是北京大学山鹰社训练必备用书，同时也是清华大学登山队训练指导用书。北大清华历来是祖国精英聚集之地，是中国民主科学的大本营，更是孕育科学精神的试验场，是和国际接轨的桥头堡。而英国一直是人类现代规则的制定者，从时间、空间、到时空中运行的速度，人权、法律、金融、保险、足球比赛……

著名畅销书作家、战地记者

唐师曾

目　录

1

第一部分

体 力 与 耐 力

整体的健康可细分为三大类别：柔软、毅力和体力，这三个类别都是本书讲述的健身计划针对的内容。年轻人也许会把重点放在体力与耐力的锻炼上，而中老年人则可能花更多时间进行柔软性训练。不过，某种程度的灵活性是我们所有人都必须具备的。

第一章

健身的重要性

很多人对待自己的汽车无微不至，关怀有加，但对最宝贵的财产，也就是自己的身体，往往不太关心。在我看来，这永远都是一件十分奇怪的事情。汽车可以换新款的，但我们的身体却无法更换新品牌。不过，我们可以定期维修自己的身体，把身心调整到最和谐的状态。不仅因此少得病，而且能够在我们的余生保持极佳的运作状态。

更重要的是，我们的身心越是健康，生命给予我们的快乐就越多，使我们过上完全富足的生活。保持良好的身体，还有利于远离疾病与身体损伤。身心健康使我们增强信心，敢于走出不测困境。

1　健身的重要性

医学科学证明，如果保持健康的体魄，按有利健康的食法补充营养，那么，我们活更长时间的机会就更大，也更有可能避免健康问题。在极端情况下，人的健康水平和整体的身心健康会产生或生或死的差别。

我们越来越明显地感受到生活中的种种压力。压力就是那种让我们时时刻刻难以忘记的事情。高层经理和家庭主妇体验的是不同类型的压力，但是，其带来的影响却是一样的。如果胃口一直不好，或者睡眠不足，感觉不安，或者觉得无法把握自己的生活，或者只是整体上的自信心不足，那么，这些健身计划会对你有所帮助。按照这些简便易行的计划，人人都可以改进自己的生活方式，得到更多的人生乐趣。

整体的健康可细分为三大类别：柔软、毅力和体力，这三个类别都是本书讲述的健身计划所针对的内容。年轻人也许会把重点放在体力与耐力的锻炼上，而中老年人则可能花更多时间进行柔软性训练。不过，某种程度的灵活性是我们所有人都必须具备的。例如在自卫中，行动自如和关节旋转是特别重要的。速度与体力取决于高水平的柔韧性。如果每次锻炼之前先来一点比较轻微的热身活动，再加上几个伸展练习，人体的血液就会开始向肌肉中更多地流动，从而避免因突然的爆发性活动引起肌肉拉伤或韧带损伤。同理，经过剧烈的运动之后，我们必须以少许锻炼让身体冷却下来，使身体各部分器官恢复正常工作水平。

记住：如果开始体会到胸痛、臂部刺痛、长时间呼吸不畅、冒汗或头痛，应该去看医生。

小心：

过于频繁和强度过大的练习也有可能造成身体损伤。慢慢地开始，逐步加速，慢慢增加重复的次数（“重复”）。如果有一段时间没有做练习了，应该以短距离步行开始。开始思考“健康”。搭车回家的路上可以提前一站下车。走楼梯而不要乘电梯。去当地商店购物可以步行而不要开车去。每天做一点练习，不久之后，你会体会到其中的益处。开始可能有些不舒服，但不要因此放弃。开始的时候，事情总是有些难办的。你很快就会养成习惯，身体的不适也会慢慢消失，而健康水平却会不断提高。

2　女士训练时的特别注意事项

奥林匹克运动会、现代体育和军事练习计划，都是男士为男士设计的。因为男士有偏见，所以女士总是会因此而感到极大的困难。直到1960年，医学仍然是男士控制的一门职业。体育界的各个重要团体都认为，妇女参加马拉松长跑是危险的。女士必须依靠自己的力量改变人们的这种偏见。1964年，苏格兰长跑运动员戴尔·克里格成为第一个打破3小时30分障碍的女士，但组织部门派了一辆救护车一路跟在她身后，一直跟到了冲刺线！三年后，卡萨琳·斯威策尔没有说明自己的性别就参加了波士顿马拉松长跑赛。人们都以为她是男性，她戴着头罩进入起跑线。起跑之前的几秒钟内，她掀起了头罩，暴露了自己的性别。比赛的主持人和多名组织者意识到自己的错误，因此想追上她，但竟然都没有她跑得快，根本都赶不上！

我还记得自己很愚蠢地参加了一个地方女士曲棍球队开办的健身班，想起此事来真是很难堪。头20分钟一点问题也没有，我带着嘲讽的意思夸大练习的动作。之后就开始做伸展运动，我还是很喜欢当时放的音乐，也很喜欢班上很多人对我的特别关注。但不久，我就体会到了一辈子最难受的一次痉挛。我跛着脚走开了，原来打橄榄球时留下的老伤复发了。结果引起一阵哄堂大笑。从心理上讲，女士都是非常强壮的，而且她们的机动水平很高。但是，除开偏见不说，女士都有某种程度的解剖学和生理学上的差别，使她们无法产生与男性一样的体力输出。这些包括：

- ☐ 心室容量较小，比同等男性的搏出血量少10%。
- ☐ 同等体重情况下，女性的血容量少20%。
- ☐ 携带氧气的血蛋白较少，肺活量小10%。
- ☐ 骨盆更宽，从而增大股骨的角度，使双膝更加靠近。
- ☐ 同等体重情况下，女性体脂多出10%左右。
- ☐ 跟腱稍短，导致奔跑时较少的弹性反冲力。
- ☐ 女性经期对身心造成一定压力，甚至会影响整体的表现水平。

虽然女性在各种体育赛事中获得过金牌，而且差不多是在她们经期的各个不同阶段获得的类似表现，但是，我们必须要考虑到她们的身体有如上所列的差别。事实上，定期的锻炼和健身训练可为女性提供特别益处：

☐ 练习与健身训练证明可减轻痛经。

☐ 定期练习可减轻经前紧张。

☐ 游泳、骑车和增氧步行尤其适合孕期妇女，所有的锻炼均有益于提高血氧含量，而高的血氧含量对胎儿是有益的。

☐ 练习可减轻与怀孕有关的问题，比如过度的体重增加、便秘、晨间恶心与静脉曲张。

☐ 已经观察到某些运动员第一阶段的生产时间缩短 2.5 小时，第二阶段的生产时间缩短 20 分钟。

☐ 练习有助于“抗忧郁”，并提升孕期情绪。

但是，定期练习有可能扰乱经期，甚至有可能导致闭经。这是对压力的反应，训练停止或减少后，应该能够恢复正常经期。如果担心，可咨询医生。

许多女士在怀孕期间继续练习，但此事应该与医生商量。作为一般性的原则，孕期不要进行任何新的健身计划。游泳、骑车和步行比跑步好。孕妇不应参加跑步比赛，也不应参加长时间赛跑，因为导向子宫的血流太低会损害未出生的婴儿。同样，孕妇也不得过热，因为太高的体温也会损害婴儿。

练习的时候，女性应该特别注意穿上合适的衣服。乳房没有供支撑用的肌肉，它只能依靠纤维组织，而纤维组织在练习的时候会伸展。因此，强烈建议练习时戴上全支撑型运动用胸罩。

3　选择健身场所

选择合适的健身房或练习场所是很重要的。做出选择之前，多看几家健身场所是值得的。距离最近的健身中心不一定是最好的。做出合适选择的时候，可以考虑以下几个方面：

☐ 这样的健身场所应该配备持有国家颁发的合格证的教练。好的健身教练应该能够示范练习，提供支持，并能够对你的健身表现做出建设性的评判意见，同时能够示范如何改进。

□ 应该有轻松友好的气氛。

□ 应该有存放衣物和贵重物品的带锁衣柜。

□ 俱乐部应该有较好的更衣处和淋浴设备，而且必须特别卫生。

□ 宽大的场地对热身和训练是很重要的。至少应该有一处供人自如伸展腿脚的地方。

□ 冲浪盆、桑拿或蒸汽室是练习之后放松身心的好地方，但不可过度使用。

□ 健身场所应该配备有健身器械和随时取用的非固定重物。应该有指导人员在一旁组织训练，防止个别人独占器械。

□ 健身场所设一个小吃店是最好的。训练之后坐在这里谈一会儿天是很好的，而且意味着下班后可直接来这里，因为你可以在这里吃一餐饭。

□ 健身场所有一个体育用品店那是最好不过的，大家可以在这里购买质量好、款式新的体育用品。

除开去健身俱乐部和健身中心以外，还有其他一些替代办法。青年活动中心经常配备有很好的设备，价格比商业性经营场所也便宜许多。中小学校和高等院校一般也提供宽大的健身场所，有些院校的健身房还在晚上提供培训课。当然，任何时候你都可以在家里进行练习，但是，缺少空间也许会是个问题。天气好的话，你可以去花园里练习。自我促动也许是另外一个问题。在家里的话，根本没有教练来督促你。你必须自行购置体育设备，但这也不一定太困难或者太贵。可以自己动手做一些简单的练习器材，比如在车库里做沙袋和快球，可以买跳绳。建议买一把长凳，最好是可以加高的那种，带有一个斜面。哑铃等的重物应该花钱买质量好的，应该购买可牢固在铁杠上的一套铁块或者哑铃。这套铁块每次增加1千克，分别有1、5、10，15和20千克的。这些铁块都应该有较好的接头，可快速更换。没有固定好的重物千万不可举起或使用，否则有可能造成严重损伤。

4 英国皇家特种部队式热身

任何适度的练习，比如慢跑，都是理想的热身活动。但是，所有的肌肉丛都应该得到锻炼。只要是定期进行的，步行、游泳和骑车都是可以的。总体的意思是要加快脉搏，让血液更快循环。热身的时间长度取决于环境温度。天气温暖的时候，最低的热身时间约为 6 分钟，但是天气冷的话，需要进行约 12 分钟的练习。

4.1 在健身房热身

在健身房周围慢跑。头 3 圈用脚趾跑，并加大膝盖的提升高度（图 1）。

图 1

第 4 圈开始练习胳膊。朝空中挥动胳膊，先挥左胳膊，之后挥右胳膊（图 2）。

图 2

到第 5 圈的时候，面朝圈内侧身跑，左腿先跑。跑到半圈的时候，面朝圈外侧跑，右腿先跑（图 3)。

图 3

接下来（第 6 圈），单腿跳动 10 米，之后换另一条腿（图 4)。

图 4

第 7 圈，倒跑半圈，再往前跑，将胳膊挥到头顶以上(图 5)。

图 5

7 圈跑完之后，两腿分立，宽约齐肩，双手放在臀部上，双肘稍向前。深呼吸，用鼻子吸气，用嘴呼出(图 6)。

图 6

热身和伸展练习是非常关键的准备工作，使人体能够适应高强度的锻炼。否则，有肌肉或韧带拉伤的危险。

4.2 来回跑动

选择彼此相距 10 米的三条线。可以利用健身房地板上的白线，也可以用假想线条，或者利用硬币等的小物件标出间距。每条线到底要多长，取决于总体的健康状况。用 10 ～ 20 米长的短线开始是比较合适的。

短跑至第一条线的终点，以手掌触地，再跑回到起点处。第二条和第三条线以同样方法重复进行，直到返回起点处。这是第一套或第一次重复。再重复 2 次，完成 3 套练习。这种来回跑动练习需要极大的毅力完成，是区别成人与少儿的标志。

利用同样几条线，我们来重复这个练习，但这次，我们返回起点前先做 5 次俯卧撑。跑到第二条线的终点，做 5 次膝顶肘（说明见后），之后再跑回起点。现在，跑到最后一条线，做 5 次 V 形两头起（说明见后），之后回到起点。

重复3次，每套动作之间休息30秒钟。练习完毕后进行恢复性深呼吸，直到呼吸率和心跳频率恢复正常水平。

记住：这种热身练习可防止身体损伤，使身体准备好进行高强度训练。永远不要省略这种热身练习。

4.3 在有限地段进行热身

健身房要么挤满人，要么有很多设备，也许不可能在里面进行上述的练习。如果是这种情况，必须找到替代性的其他办法。可以跑步或骑车去健身房，也许健身房里有比如踏车等的练习设备。骑车设备和踏车都有各自不同的优势。踏车可变换速度和距离，有些甚至可以进行很刺激的全速爬坡练习。这些器械因为放在室内，因此不受天气影响。在这些地方跑步，可以远离狗、车辆和冷飕飕的寒风。这些器械可锻炼心血管系统，并在教练的悉心指导下磨炼肌肉。划船设备也是同一个主题的健身器材。有些划船设备还可提供竞赛功能，上面有图表指示，至少不会因为划船而感到无聊。到热身的末尾，再喝一杯热饮料，洗一个温水澡，是很适当的。

4.4 在户外热身

你也许住在离健身房很远的地方，但总还是可以做户外热身活动的。这两者之间最大的差别是，如果天气很冷，可能就意味着更长的热身时间，而且要格外小心，以免损伤较冷的肌肉。

在户外做热身运动，需要找到至少25米见方的一块地。这应该足以让你完成我们在前面描述的那些跑圈和来回跑的活动。户外训练的最大长处是，那里的场地和新鲜空气都是免费的！但是，应该小心检查，使用的地方应该没有洞穴或小丘，否则有可能闪腿或崴脚，亦有可能绊倒。

现在，我们的身体已经准备好了，应该开始做弯曲和伸展肌肉、肌腱和韧带的活动，使我们总体的灵活性有所改善。

5 弯曲与伸展

伸展的时候，应该从头部开始，然后往下伸展身体的其他部分。

5.1 头部与颈部

自然站立，双手放在臀部上，双腿间距齐肩宽。转大圈活动头部，小心地向后弯曲，越远越好，但以舒适为宜，之后以下颌扫前胸上部。顺时针重复 6 次，逆时针重复 6 次（图 1)。

图 1

现在，左右转动头部，尽量回头朝远处看。尽力重复 12 次。一开始可以慢一些。练习计划往前进展的时候，颈部肌肉会更灵活，因此到时就可以加快速度了 (图 2)。

图 2

图 3

朝前低头，直到下颌接触胸部上方。慢慢向后弯曲头部，一直到面朝天。重复这个练习，之后将头倒向右侧（越远越好）。向左点 6 次头，向右点 6 次头 (图 3)。

记住：练习必须是有趣的，否则，你一定不想定期继续下去了。最好跟一名同伴一起做，或者找一群朋友。如果练习的时候有音乐，那是更让人开心的。

很多人看起来不太喜欢做练习，要么是因为过去做练习的时候有过不愉快的体验，或者是在学校里，或者是有别的原因。练习是有些困难，但是，几乎任何有点价值的东西都是有代价的。练习做得越是多，做起来就越是容易，你也会越来越喜欢的。练习会成为上瘾的事情，但这样的事情上瘾却是有益的！

5.2 肩部

跟平常一样站立，双腿间距齐肩宽。双臂抬起，与地面平行，双手轻握成拳（图1）。向前挥动12次，向后挥动12次（图2）。

图 1

图 2

为练习周身协调性，再重复 12 次，但这次胳膊的运动方向彼此相反。练习依次反向挥动双臂（图 3）。

图 3

现在，继续这道练习，向前朝腰部方向弯曲，使上半身与地面平行。向下重复 3 次，向上重复 3 次。弯曲的时候继续转动胳膊，这做起来很容易。但是，回到直立位置过程中继续转动胳膊却需要更多练习。这有助于建立肢体协调关系。

接下来，我们开始双臂举在肩膀以上开始练习。双臂举起过头，手掌相触（图 4），之后放下双臂摸膝盖后侧（图 5）。重复 12 次。

图 4

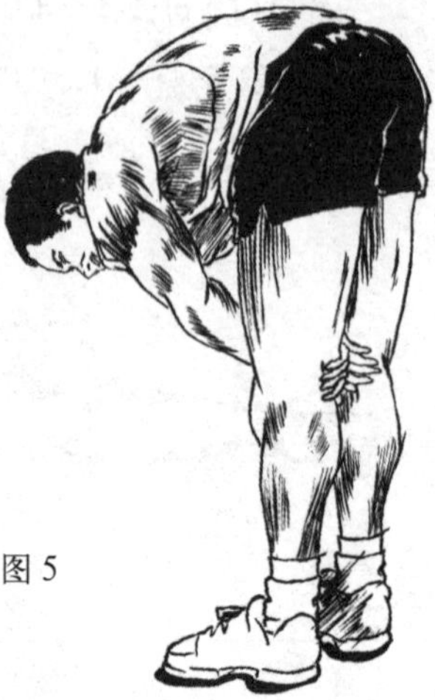

图 5

双腿直立，双臂转圈，尽量保持在离身体很近的位置。向前重复 12 次，向相反的方向重复 12 次（图 6）。

图 6

5.3 躯干

左手置髋骨上部，双腿分立齐肩宽。向右侧弯腰，迫使右手下滑触摸右脚踝。请记住，双膝不要弯曲，身体亦不得前倾。向左侧弯腰，重复这个练习。两边各重复 12 次（图 1）。

图 1

双腿分立，身体前倾（图 2），后倾（图 3），左倾（图 4），右倾，中倾，努力使双掌触地。慢慢返回站立位置。总共重复 12 次。

图 2

图 3

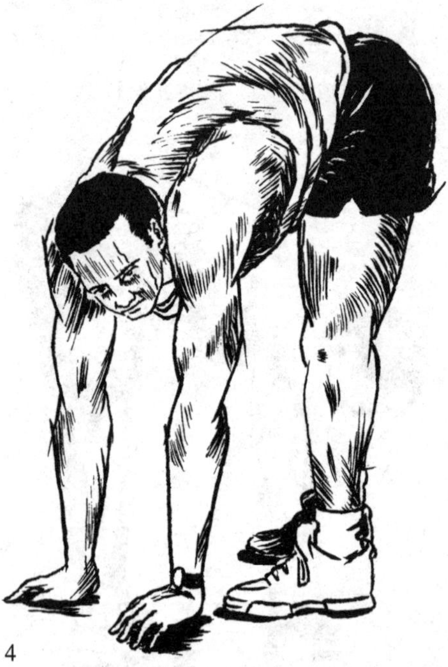

图 4

5.4 腿部

热身活动的最后，是要锻炼腿部的肌腱。

直立，双腿尽量分开。转身，重心向右，弯曲左膝，右腿保持挺直状态。伸手触摸右腿踝，保持 3 秒钟。左右腿各重复 6 次。

结束热身的时候，围着健身房慢跑 3 圈，一边抖动四肢。

6　速度、体力与耐力训练

增强体力、耐力和提高速度有很多种练习方法，主要分以下几类：

6.1 柔软体操

这些属于严格的军事型“阅兵场”练习，设计用来训练挺胸直背的肩背姿态。有些人认为，刚直的军人姿态是不自然的身姿，令人痛苦。但另有一些人以这种姿势为自豪，并愿意经受些微不适以感受这种姿态的滋味。老话说得好：“看上去好，感觉起来也好。”

皇家空军特种部队式的突击训练是锻炼速度、体力和耐力的最佳机会。可以设计自己的训练办法。

6.2 缺氧练习

很少有练习是在缺氧状态下进行的。缺氧练习往往都是极快、激烈和短时间内进行的。在这类练习中，能量和力量是从肌肉中生成的，而不是来自血液中的氧气。因此，这一类的练习并非取决于调节呼吸，也不需要使肌肉具备充足的血管。这种练习效率极低，只能产生有氧过程中爆发的总能量的一成左右。在全部标准化的径赛中，只有百米短跑是不利用血氧完成的。百米短跑的精髓当然是短时快速爆发，据此，有些医生认为，无氧呼吸是先民专门用来进行短时快速爆发速度的，目的是帮助他们逃避捕猎者的追击。

6.3 有氧练习

大部分练习都是在有氧环境中进行的，这就需要更大的心室能量和肺活量。有氧练习还包括一些耐力训练方法，比如划船、骑车、游泳和较远距离的径赛活动，比如800米跑、1500米跑，当然还有马拉松。有氧练习有助于扩大心室功能与肺活量，这对于总体的健康是非常重要的。

6.4 间隔训练

间隔训练是指不用重物而提升速度与体力的广泛练习。长时间练习的中途有短时的休整期，这使人能够练习更长时间，而且效率更高。在各个短暂的“恢复”期内，造成疲劳的一些化学物质，比如乳酸会从肌肉中清除出去，富含能量的一些化学物质会生成，血氧会在组织中处于饱和状态。

6.5 轮回训练

轮回训练跟间隔训练类似，但轮回训练包含借助重物和练习器械的训练。在这种训练中，目的是要锻炼人体所有的肌肉丛，并在既定时间内尽可能完成较多的重复训练，之后进入下一个训练阶段。

6.6 重物训练

这种练习可提高人的体力，因此提高表现水平。这种练习还可促进肌肉的生长，保护容易受伤的一些部位，比如保护腹腔神经丛不受打击影响的腹部直肌。

第二章

不借助重物的体力训练

本章所述练习并不要求有特别的设备，而且只需要极少的空间。但是，在一个团体或课堂里面进行练习，既能促进力量，又很有趣。

1　不借助重物的体力训练

我们这个训练计划的第一部分所进行的训练，并不需要特别的设备，而且可以在任何地方完成。有时候，英国皇家特种部队士兵发现自己处在一个偏远地带，只有极有限的资源可以利用，比如就限制在一个宾馆房间内。皇家空军特种部队士兵利用这种训练计划保持自身健康。建议新手就从这种训练开始。这个方法可以使全身得到锻炼，并使身体准备好迎接本书稍后部分列出的更严格的训练计划。

警告：

是否有下列不适症状：

- □ 高血压
- □ 心脏病
- □ 呼吸问题
- □ 血液病
- □ 肌肉及骨骼问题
- □ 肥胖症

如果有，进行任何练习之前都应该先看医生。年过四十的人、孕妇和有特别的健康问题的人都应该注意本提示。

本节练习分为三个部分：有氧练习、无氧练习和增强腹肌的练习。很明显，在任何一次练习时混合这几种练习能够获得最大益处。先做热身活动，之后轮流做无氧、有氧和腹肌练习。增强腹肌练习的重要性无须本人在此强调，我们的体力、速度与力量，有很大部分来自这些肌肉丛，但它们却经常为人所忽略。应该熟悉这些基本的练习，认真按说明进行合适的练习。

1.1 引体向上

这是锻炼躯干上部和三头肌的好办法。

找一根单杠，其高度足以使双脚离地。双手分开抓住头顶的单杠。

交叉双腿，提升身体，使下颌骨接触单杠（下页图 1）。

图 1

再下降，直至双臂完全拉直（图 2）。

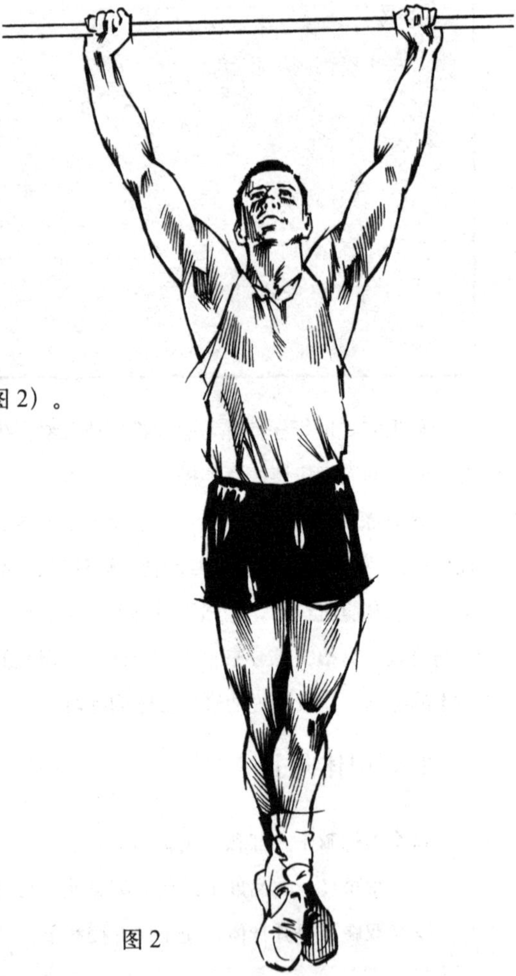

图 2

图 1

1.2 弓箭步

此练习可锻炼大腿及上腿部分肌肉。

双手抱颈，单腿向前，步跨较普通稍大（图 1）。

弯曲前腿，至大腿与地面平齐（图 2）。

另一条腿以同样方法进行。

图 2

1.3 双杠

找一副离地约 1.2 米的双杠，双杠间距约齐肩宽（家具亦可起同样作用）。

双手紧抓住双杠，交叉双腿，双臂锁紧，使身体离地（图 1）。

身体下降，直到肘部与双杠平齐，双腿必须保持离地状态（图 2）。

最后，回到最开始的位置。

这个练习一开始做起来很困难，但对于产生好的成绩非常重要。

图 1

图 2

1.4 俯卧撑

掌心平放地面，双手距离齐肩宽。双腿挺直，足尖着地（前端支撑位）（图 1）。

弯曲双臂，放下身体，直到腹部轻触地面。然后下推，双臂绷直，使身体回到前端支撑位。躯干不要弯曲（图 2）。

双臂撑开，以指尖支撑身体。

放下身体，使其与地面轻触，保持 5 秒钟。

图 1

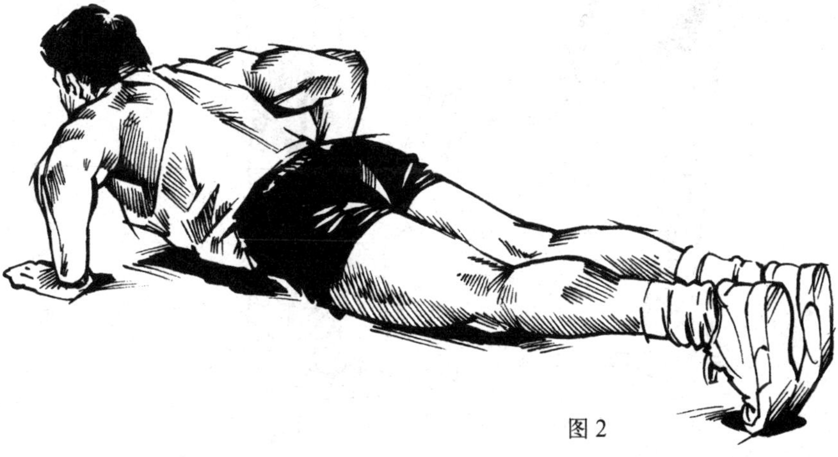

图 2

1.5 抬小腿

找两个离地约10厘米的小平台（两本电话簿即可），双腿站立其上（图1）。

以拇指球部分撑起身体。

将一条腿伸到身体后面去，双手扶墙保持平衡(图2)。

脚趾支撑身体，之后慢慢放下，直至与小平台平齐（图3）。

图1

图2

图3

1.6 倒剪

这是练习后背肌肉的好办法。

俯卧地上，双手放在臀部上用于支撑。

双腿离地，保持挺直状态，以环形方式将右腿移到左腿上。

1.7 反颈滚

这个练习可强化颈部力量，而颈部力量是武术中必不可少的。一开始可能感觉很僵硬，但不要轻易放弃这种关键的练习。

头部置地，双手放在大腿上，做成反弓状的摔跤式角力桥。可以用某种较软的东西保护头部（一块宽垫子即可）。

身体前倾，直到全部体重都落在头部与颈部上。

1.8 头滚

双膝稍微分开着地，身体前倾，使前额着地。

双手置大腿后部，慢慢向前滚动，直到身体重量集中于脖子上。用翻滚动作加大压力。

做这个练习的时候应该小心，一开始要轻一点，确保身体平衡。

小心：

上述两个颈部练习应该在严格的监督条件下进行。这两个练习不太容易做好，而且只有在没有颈部和背部毛病的情况下才能进行。慢慢来！

1.9 轮换颈部练习

利用扣得较紧的系带系上重物进行全范围的颈部运动。

站立，身体前倾做一套练习，抬升与低下颈部（图1、图2）。

图1

图2

仰躺在长凳上，双肩支撑颈部与头部。慢慢抬升与放下头部（图 3）。

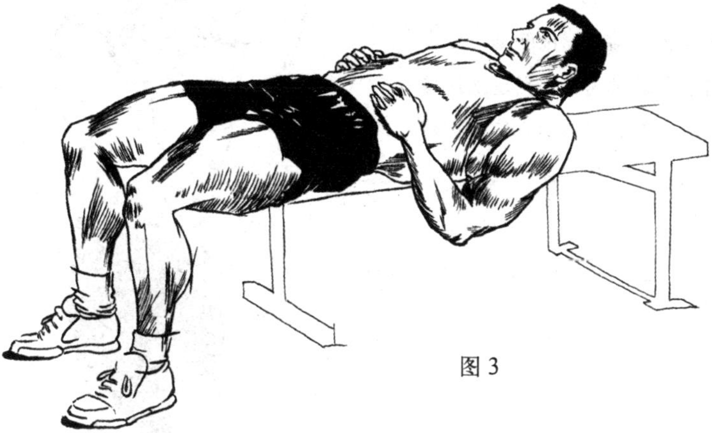

图 3

2　有氧练习

2.1 蹲位屈膝

在前述前端支撑位的基础上，双腿快速向前，双膝触碰双肘，之后双腿伸回至前端支撑位。

这是练习胳膊与双腿的好办法，并可令周身脉搏加快！

2.2 蹲位弹跳

在前述前端支撑位的基础上，双腿向前至触肘为止，但这次应该尽量跳高，之后回到蹲立位，再将双腿猛地伸向后方（图1）。

图1

2.3 骑跨跳

最好找一只高约46厘米的箱子（一只凳子亦可），跨立其上（图2）。

图2

双腿轻轻跳上箱子，之后跳下，回到骑跨位（图 1）。

图 1

2.4 交叉跨步跳

利用同一只箱子或凳子，跳上跳下两次，第三次跳起时不触及箱子。

着地，双脚双膝并拢重复跳（图 2）。

图 2

作为变化，可以用右脚踏上箱子，站立其上。之后踏下来，再用左脚踏上。之后用左腿重复。

继续交替双腿。

2.5 踏步

用两只箱子——一只高约46厘米，另一只高约91厘米。右脚踏上低些的箱子（下页图1），左脚踏上高些的箱子（下页图2），之后将右脚移到较高的箱子上。现在，你应该是双腿都踏在较高的箱子上（下页图3）。

现在，踏上较低的箱子，最后回到地面。如果没有较稳固的箱子，利用楼梯也行。

能够重复多少次就重复多少次。可以交替轮换先迈的脚。这对改善身体协调水平有好处。

图 1

图 2

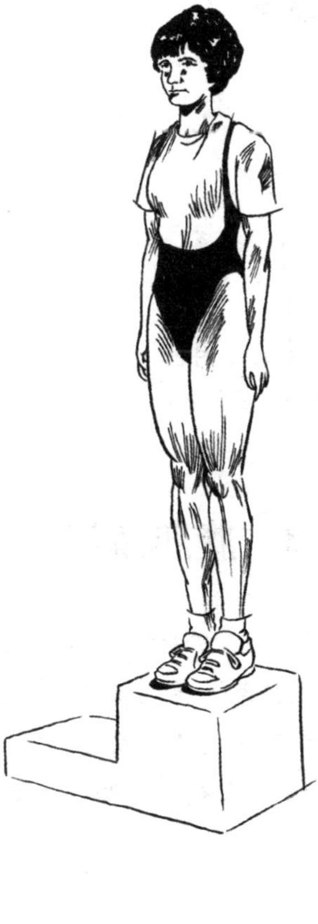

图 3

2.6 跳起

双脚并拢站立在46厘米高的箱子前。跳到箱子上（图1），跳下的时候膝脚并拢，可以利用双臂平衡身体（图2）。

图1

图2

3 腹肌练习

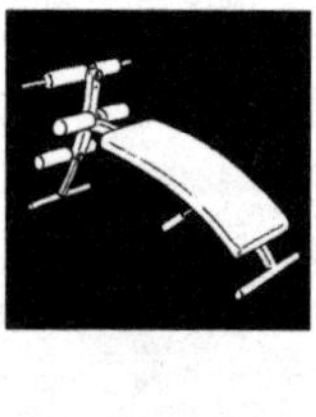

可以从外面看见的腹肌、胸肌和背肌等大肌肉丛，是健身爱好者、运动员和武术爱好者都极有兴趣加以练习的，他们都熟悉这几个地方的肌肉丛。这些肌肉是通过称为肌腱的有弹性的白色纤维质索带与骨头连接在一起的。其他称为韧带的结构用来使骨骼与骨骼相连，或者用来支撑内脏。较大的胸肌盖住两侧从胸骨到腋窝之间的胸腔。在胸肌之下，腹部的外部斜肌从腹股沟开始盖住躯干的两侧，并与胸腔上面的前端锯齿肌交织在一起。内部和外部的斜肌有利于转动和伸缩躯干。所有这些肌肉都与从胸腔到腹股沟的腹部直肌连接在一起（中年人或啤酒肚的腹肌平而松弛，但健美练习者的腹肌却一层一层呈波浪形）。

在背部，很大的斜方肌盖住从脖子到肋部的地方，从躯干的中线一直到双肩部。这些肌肉部分盖住从脊柱下方横跨肋骨的两根背阔肌，盖住躯干的两侧。在肩膀后面，在斜方肌与背阔肌之间的三角区内，可以看到冈下肌和小圆肌及大圆肌。

3.1 V形两头起

再次躺下，双腿离地，呈45°角（图1）。

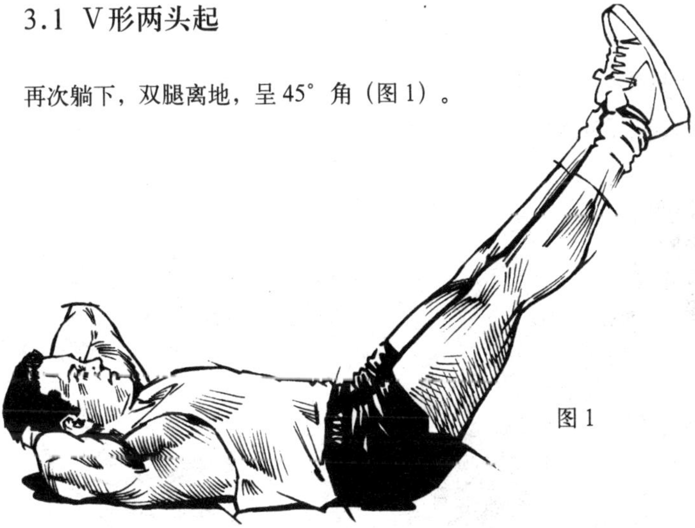

图1

双手五指交叉在颈后，坐起身来，以前额触膝盖（图2）。

这个练习有些难度，但它可以检测腹肌练习进展情况。不要轻易放弃！

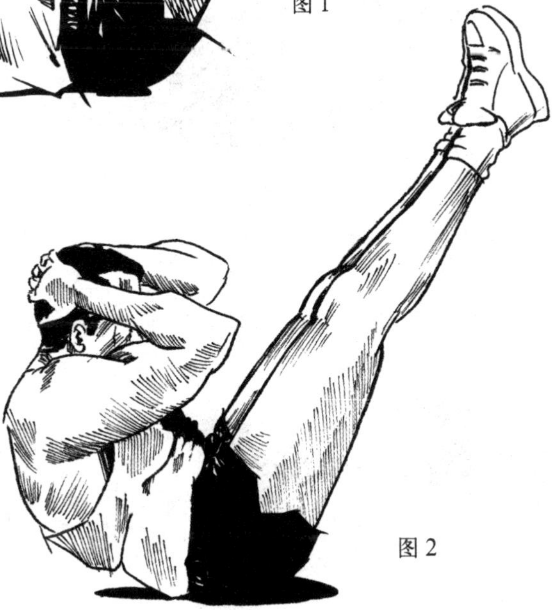

图2

3.2 大腿手滑

仰躺。

下颌压住胸部，双手放在大腿上。

双手沿大腿滑动至膝盖处，慢慢抬起身体上部，使其离地至少 10 厘米。

恢复原状，再重复练习。

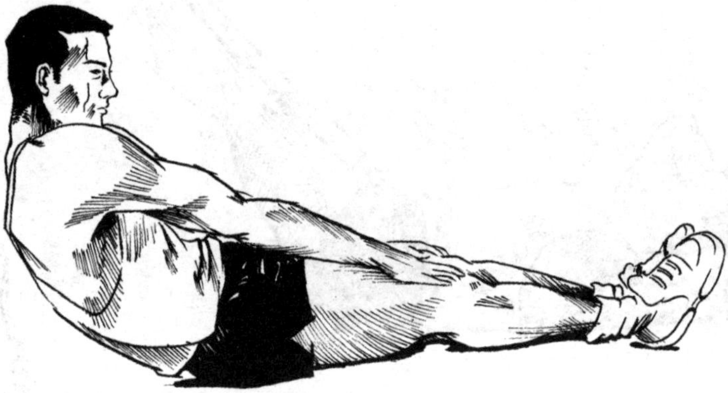

3.3 直腿抬升

平躺，双腿伸直，双手放在臀部下面，掌心向下。

双腿挺直，脚趾绷紧，抬起双腿，至差不多与地面垂直的位置（图 1）。

图 1

3.4 头膝碰

仰躺，双手抱颈（图 2）。

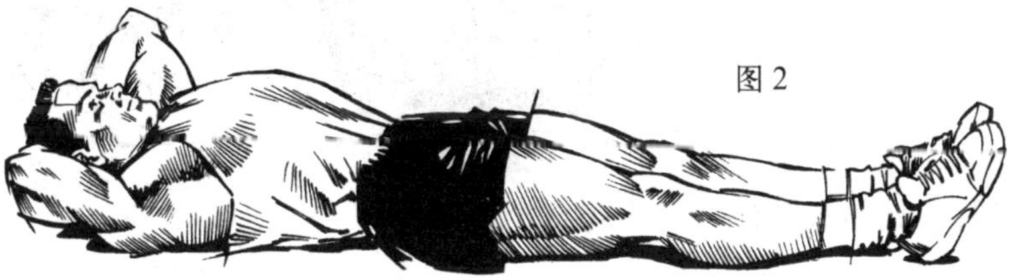

图 2

图 3

双膝并拢，同时抬起头部，使头部在躯干上方与双膝相触。双膝保持抬升状态不动，时间越长越好。

最后，放下头部与双膝，使其回落地面（图 3）。

3.5 仰卧起坐

双脚压哑铃（或者压上一件家具），或者请一位同伴压住双脚（图 1）。

图 1

双手抱后颈，双腿保持挺直状态，然后起坐。

之后使身体回到地面（图 2）。

图 2

3.6 屈体头膝碰（两头起）

双手抱头仰卧。

双腿与上体抬起时，扭动上半身，使左肘与右膝相碰（图 3）。

重复练习左右肘与左右膝相碰。应该能够感受到腰部的拉力！

图 3

3.7 抬腿

仰躺在地，双腿并拢，双手抱颈。

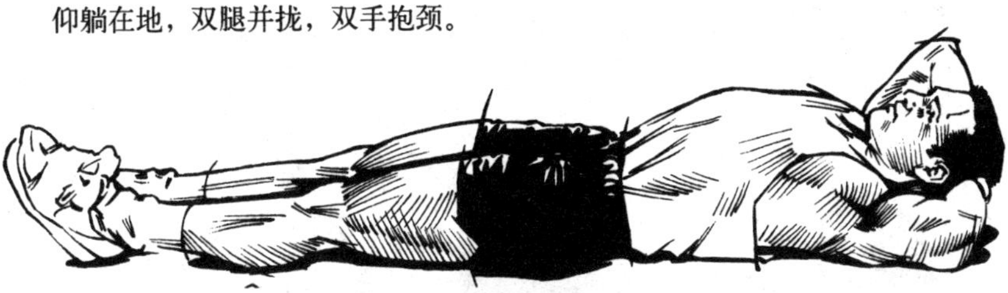

双腿抬起，与地面呈 45° 角，脚趾绷直。

轻轻放下双腿，到快挨着地面的地方，然后重复练习。

3.8 屈膝起坐

仰躺，双膝弯曲，双脚着地，手抱后颈。

起坐，下颌碰触双膝。

上体放下，与地面平齐，但不接触地面，以此完成这个练习。

放下双腿，但不触及地面，重复本练习。

这个练习对下背有很大压力，但属于练习腹部直肌最好的方法之一。

4　计划一

开始之前，我们必须记得做热身活动，并拉伸各部分肌肉。请记住，灵活性是非常重要的。思想放松，身体也会放松。练习之前不要吃东西，这是许多人常犯的错误。就我个人来说，我喜欢早起，做一些锻炼活动，之后洗澡，吃早餐。

吸汗衫底下穿一件T恤衫，穿短裤和骑师裤，游泳裤衩或护身三角绷带以支撑性器。贴身支撑胸罩对参与这个训练计划的女士来说是必不可少的。在训练服外面套上田径服，做热身的时候可以脱掉。

努力锻炼，一直练到下个练习计划。这3套练习中的每一组只需要花2分钟完成。第一组练完之后，应该休息3分钟。

除非上述每套练习都能够在2分钟内完成，否则不要进入本手册中的下一套。

热身6分钟	拉伸2分钟	
练习	重复次数	套数
俯卧撑	5	3
头膝碰	5	3
弓箭步	5	3
抬腿	5	3
双杠	5	3
屈膝起坐	5	3

练习	重复次数	套数
抬小腿	5	3
大腿手滑	5	3
下颌	5	3
抬腿	5	3
倒剪	5	3
仰卧起坐	5	3

5　冷身活动

练习之前进行热身活动是很重要的，同样，大运动量之后进行“冷身”也是重要的。这样做可以确保脉搏和身体其他功能慢慢恢复正常水平。在艰苦的锻炼期间，静脉周围的平滑肌上的循环带紧挤在一起，以利血流返回心脏。“静脉回流”的另一个特点是大静脉丛中阻止逆流的阀门系统。在冷身活动期间，这个静脉回流机制一直工作下去，防止发生眩晕和昏厥。这个后备系统不工作的时候，我们才会体会到它的好处。例如士兵在检阅期间有可能发生昏厥。要进行冷身活动的另一个原因是，它可以确保乳酸能够从组织中更有效地清除出体外。对于孕妇或刚刚生产的女士来说，冷身运动是极其重要的，因为孕期内的身体变化使关节很容易受损伤。这些变化是由松弛肽的释放引起的。松弛肽是一种激素，它使关节及连接组织放松，尤其是耻骨一带的松弛，这是为妇女生产做准备。这些变化在生产之后的几个星期内仍然在起作用。

围绕健身房慢跑几圈，抖动肢体、双肩和颈部。之后站立，双脚分开，前后甩动胳膊，各方向重复 10 次（图 a）。双腿分开站立，试着触摸前方地面，伸手触摸左边和右边的地面（图 b）。这最后一个练习重复做 10 次，之后进行深呼吸，鼻子吸气，嘴呼出，直到呼吸恢复正常水平。现在，作为冷身活动的一部分，这里有一些伸展运动可以尝试一下。

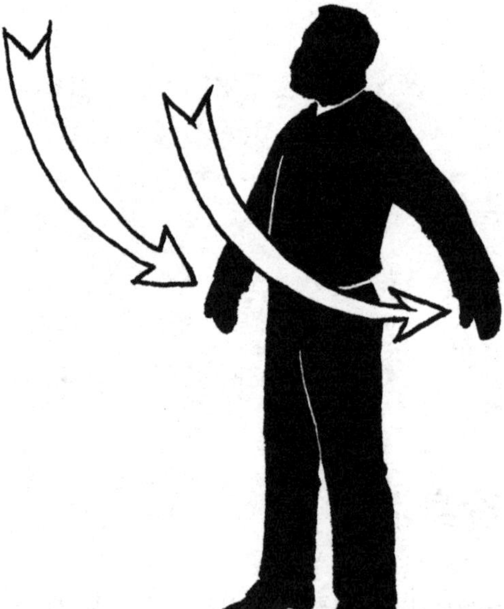

图 a

图 b

5.1 坐立式后腿腱伸展

坐在地上，双腿挺直在前面。

向前弯曲，抓住脚踝，轻轻向前扯动以拉伸后腿腱。

做这个练习的时候数 4 下，重复 10 次。

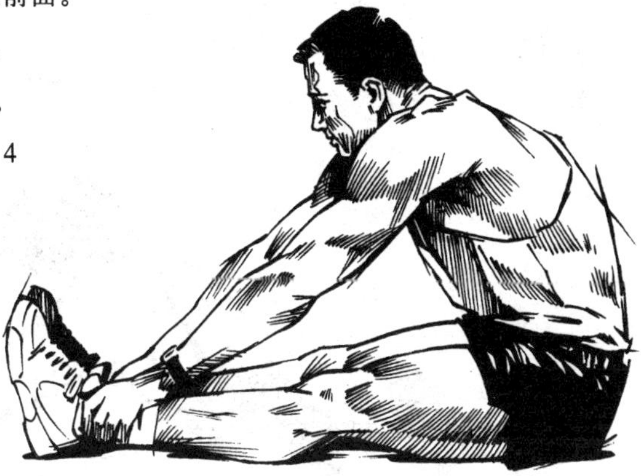

5.2 后腿腱伸展

双脚靠拢，双腿挺直。

腰部向前弯曲，后背挺直，缓缓运动，触摸脚踝。

再伸展一点，对后腿腱施加更大一点压力。

回到起立状态。

做的时候以数 4 下为准。向前弯曲数 4 下，保持 4 下，回到起立状态时也数 4 下。这个练习要做 10 次。

5.3 双腿分开式的后腿腱伸展

坐在地上，双腿尽量展开。

后背挺直，向前弯曲并抓住左脚踝。

数 4 下，之后试着抓右脚踝。

5.4 坐立式侧弯

坐在地上，双腿尽量分开。

右臂抬过头，尽量向左伸。

现在试着触摸左脚踝。

摸着左脚踝数 4 下，在另一侧重复这个练习。各边重复 10 次。

5.5 后背伸展

坐在桌子上，靠近桌子边，让同伴帮你抓住脚踝（图 1），然后向后靠，这样，你的身体就吊在桌子下面，头部下降至地板（图 2）。重复 10 次。

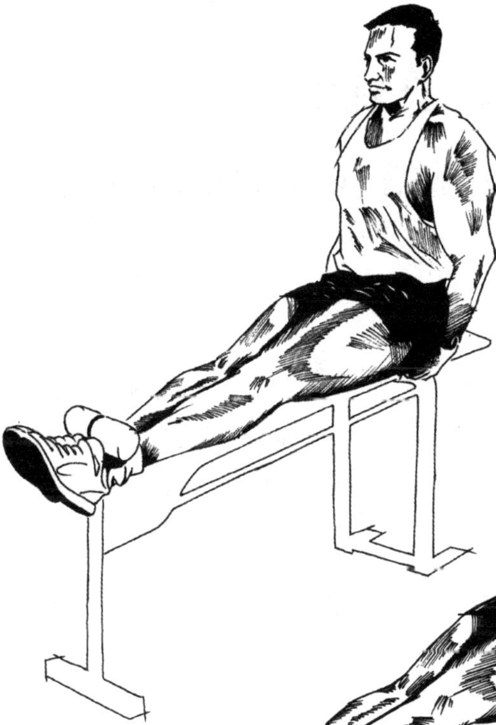

图 1

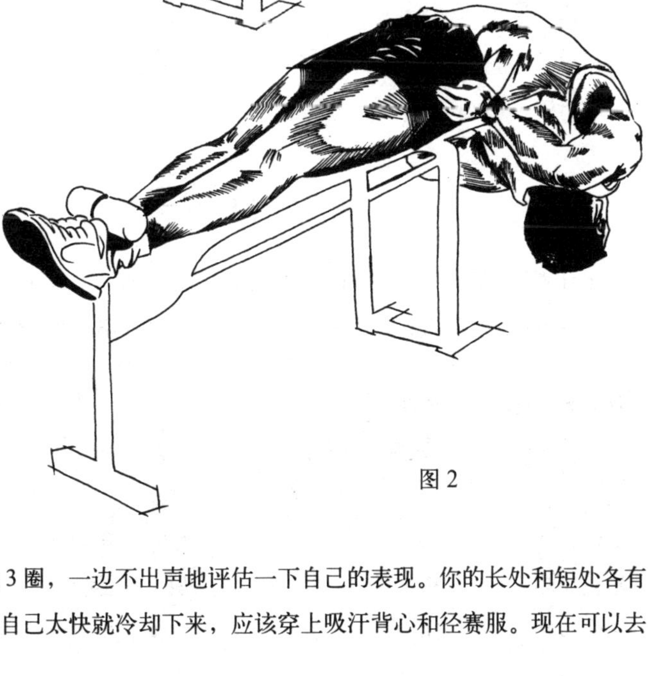

图 2

沿着健身房走 3 圈，一边不出声地评估一下自己的表现。你的长处和短处各有哪些？如果你发现自己太快就冷却下来，应该穿上吸汗背心和径赛服。现在可以去洗个热水澡好好放松一下了！

你也许会体会到某些地方很疼，但可以这么想：你的心脏和循环系统更有效地工作了，得心脏病和高血压病的风险也小了，因此你会觉得有所补偿。在练习期间，血流在肌肉和内脏中更快地流动，使其效率更高。长期锻炼会使肌肉更结实，并使脂肪燃烧。你的身体和耐力都会有所改善，你会感觉更有力量，更有效率。

6 计划二

掌握了第一计划，而且可以在规定的时间内完成，那就应该进入下一步了。尽量努力做好下面这些练习，每组练习之间只休息 3 分钟。

热身 6 分钟	伸展 2 分钟	
练习	重复次数	套数
蹲位屈膝	5	3
头膝碰	5	3
蹲位弹跳	5	3
屈体头碰膝	5	3
骑跨跳	5	3
屈膝起坐	5	3

练习	重复次数	套数
交叉跨步跳	5	3
大腿手滑	5	3
踏步	5	3
跳起	5	3
仰卧起坐	5	3

7 计划三

本计划使前面两个计划合而为一。这个练习需要很多时间，也有些费劲儿。它综合了有氧训练、无氧训练和腹肌练习，而且应该在不超过 6 分钟时间内完成。

热身 6 分钟	拉伸 2 分钟	
练习	重复次数	套数
俯卧撑	10	3
头膝碰	10	3
蹲位屈膝	10	3
直腿抬升	10	3

练习	重复次数	套数
双杠	10	3
屈膝起坐	10	3
屈体头膝碰	10	3
大腿手滑	10	3

下颌	10	3
抬腿	10	3
交叉跨步跳	10	3
仰卧起坐	10	3
抬小腿	10	3
头膝碰	10	3
踏步	10	3

直腿抬升	10	3
肺部	10	3
屈膝起坐	10	3
跳起	10	3
大腿手滑	10	3
倒剪	10	3
抬腿	10	3

8　附加例行练习

在最低目标6分钟内完成本计划三之后，再加上下面这些练习，补充基本训练方法，以此迎接更大挑战！

8.1 大腿内侧伸展

保持坐姿，双腿朝自己的方向移动，使双脚脚底相触。

双手放在膝盖上，轻轻使膝盖向下。

做这个练习的时候数4下，重复10次。

8.2 四头肌伸展

右手扶墙站立（或抓住椅子靠背）。

伸手抓住左脚背，使脚跟朝臀部方向移动。

保持 30 秒。

慢慢松开左脚，然后以同样方法练习右脚。

热身 6 分钟	伸展 2 分钟				
练习	重复次数	套数	练习	重复次数	套数
头滚	10	3	反颈滚	10	3
屈体头膝碰	10	3	跳绳	10	3
双杠	10	3	引体向上	向上 10 次	3
V 形两头起	10	3	引体向上	向下 10 次	3

9　英国皇家特种部队突击课程

最好的总体健康练习计划之一是突击课程。它要求有不断的节奏变化，而且可以锻炼各大肌肉丛。这个练习对肺和心脏极有益处，可以增大体力，提高速度，增强耐力和身体协调能力。

可以自行设计突击课程，可以在公开的场地上做，也可以在健身房里完成。意思是要有一系列的障碍物，使你不断面临挑战。比如在杠下行走、跳绳和翻越障碍物。

在户外场所，可以利用自然障碍物，比如山坡、溪流、水沟、壕沟等。应该制造一些迫使你从上翻越或从下通过的障碍物。

面对室内的突击课程，得发挥一点想象力。可以把长凳放在两把椅子上从下钻过，或者从上越过（图a）。可以自己找一根绳子用于攀登。可以找一副双杠来完成这些事情。标出两根线来，彼此相距2米，假想那就是一个无底深谷。

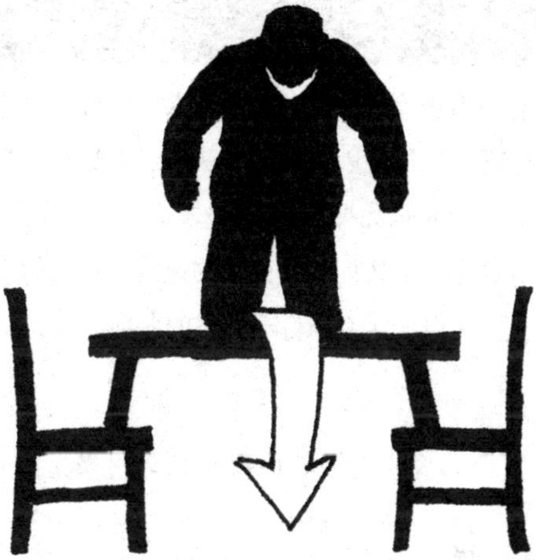

图a

第三章

借助重物的体力训练

有些人相信，重物训练会使人变得行动迟缓，而且灵活度会降低。有可能出现这种情况，但那是因为训练方法不当引起的。根据本书中的练习方法，你的灵活性会提高，尤其是如果你属于40岁以上的年龄组。举重训练配合以本书中其他的一些健身计划，会使你养成更快的速度，更大的力量和更强的耐力。举重训练的最大好处是，可以切实看到自己取得的各项进步。

1　借助重物的体力训练

前一章里介绍的那些练习，会使大家变得格外健康，并开始增强体力。为了进一步的训练，我们在此介绍举重训练。体力的培训涉及密集型短时培训与较长时间的中间休息。这里并没有捷径可走。太快提升训练量虽然可以使肌肉隆起，但也会导致肌肉磨损和拉伤。连接肌肉与骨骼的肌腱有可能发炎或者损坏。不管跑多远，不管游多远，也无论练习多么刻苦，仍然会使肌肉遇到同样大的阻力。你会有所改善，会跑更远的距离，或者跑更长时间，你的耐力也会有所增强。然而，你不会因此而更强壮。多肌肉的强壮身体可使体内重要的器官得到保护，更不易受到伤害。特别的重物训练方法可帮助你选定所爱好的运动。

2　肌肉

肌肉是人体外框上的一些肉，占体重一半左右。我们有兴趣的是那些骨骼肌，骨骼肌有各种各样的形状和大小，而且以不同的方式与骨骼连接在一起。与身体的转动运动有关的肌肉丛以彼此相反的方式起作用（彼此对立），一个肌肉丛收缩，另一个肌肉丛就扩张。

肌肉通过收缩和变短来起作用，从而把附着在肌肉末端的骨头拉到一处。正常的收缩称为“同心”收缩。例如举起重物的时候，可以看到胳膊上的三头肌鼓起。

收缩的力量等于或小于阻挡运动的力量，所发生的收缩称为等长收缩或称“静态收缩”。伸直胳膊提重物或用手推墙时就可以看到这种现象。我们拿推墙为例。墙并没有动，但是，胳膊上的肌肉也没有动，尽管使出了很大的劲，花费了极大的努力。事实上，肌肉里面发出的力量是等长收缩中最大的一种。肌肉的长度变化最小的时候，其工作效率最高。但是，因为肌肉在发力的时候没有收缩（因此而释放出乳酸），它们很快便会产生疲劳现象。

有些收缩称为“离心收缩”，此时，作用于肌肉之上的力量比收缩的力量大些。举重运动员放下很重的物体时便可以看到这种收缩，或者在向山下跑的人的腿部肌肉（四头肌）上看到这种收缩。毫不奇怪，肌肉和肌腱在离心收缩的时候比在正常的等长收缩时更容易受到损伤。

肌肉由很多纤维构成，它们的长度从1毫米到60毫米不等，粗细也从约10毫米到100毫米不等(约为一根头发直径的1/5到1/15)。这些纤维实际上是一些细胞，肌肉收缩的时候会变短。肌肉纤维的构成各个不一，不仅仅肌肉跟肌肉不同，而且各根纤维彼此之间也有不同。正是这个原因，我们当中的某些人在耐力运动中表现更好，而另外一些人在短跑中表现更出色。在动物中，这种情形经常是一目了然的。在某些鱼类中，所谓的白肌占主导成分，而白肌里面的血管是很少的，能量生成主要是在无氧环境中发生的。这些动物适合当“短跑运动员”，有的是为了逃避捕食者，有的是为了抓住它们自己的猎物。大多数钓鱼的人都明白，上了钩的鱼一开始挣扎起来劲很大，但很快就没有劲了。对照而言，候鸟用于飞行的肌肉上布满血管（所谓的红肌），它们是在有氧环境中生成能量的。红肌主要用来增强耐力。人体肌肉的情况比较复杂一些，因为所有的肌肉既有红纤维，又有白纤维。

至少有三种不同的纤维：抽动较慢的氧化纤维、抽动较快的糖分解纤维以及抽动较快的氧化纤维，这些纤维在生成必要的收缩能量的时候有所不同。

抽动较慢的氧化纤维：需氧纤维在红肌中最多。它们慢慢地收缩，因此相对抗疲劳。

抽动较快的糖分解纤维：这些纤维是在无氧环境中生成力量的。在白肌中最常见，但很容易疲劳。

抽动较快的氧化纤维：这些纤维在有氧和无氧环境中都起作用。它们很快收缩，在疲劳的难易上属中等。

正因为人体不同的肌肉在这三种纤维的构成比例上有所不同，各个纤维束的比例也有所不同。虽然培训在养成一个运动员进行其运动项目所需要的肌肉类型时起重要的作用，但是，我们的基因遗传却在发生控制性的影响。我们当中有些人是天生的短跑选手，而另外一些人是天生的耐力运动好手。腿部肌肉主要由抽动较慢的氧化纤维构成的一些人，他们跑马拉松长跑时有必需的“设备”，但跟顶尖的短跑手比较起来，他们很难达到同样的速度。

人体肌肉经常是成丛成簇起作用的。例如大腿四头肌主要由四部分肌肉构成：股内肌（vastus medialis）、股直肌（rectus femoris）、股中间肌（vastus intermedialis）和股外侧肌（vastus lateralis）。这些词看起来很可怕，前些时，人们已经决定使用更具描述性的词汇。因此，四头肌重新命名为大腿直肌、侧大肌、股中脊肌和内侧肌。之所以提及此事，是因为各种命名法这本书跟那本书有所不同，有时候会弄混。

这是肢体上很重要的一个肌肉丛，它们经常是按对立组排列的，其作用彼此相反。其中一对肌肉就是大腿的四头肌与二头肌。二头肌收缩可使大腿在行走时抬起，因为它使膝关节弯曲。此时，四头肌保持放松状态。脚重新放回地面的时候，四头肌使大腿延伸，而二头肌此时就会放松。

另外一些肌肉也在起作用，它们要在肢体收缩时控制和稳定关节。这一点在关节朝多个方向运动时是很重要的，它使弯曲和旋转都有可能实现。肌肉还可以防止关节伸出太远，从而保护关节包膜和易受伤的软组织。

在举重训练中，主要的目的是要进行有控制的流体运动，永远不要猛地撑起一个重物。思想应该集中在自己正在锻炼的肌肉上。

2.1 训练频率

最好每隔一天进行一次举重训练，中间的一天用于休息。进行举重训练的时候，肌肉纤维要对抗较大的阻力，因此而得到锻炼。经过这样的锻炼之后，让肌肉有时候恢复是很重要的。

2.2 用多大的重物

开始的时候用较轻的重物，做完全大的动作，这使我们能够强化各个肌肉丛而又不失去速度和灵活性。进行多次重复时，我们会锻炼肌肉，因而增强体力与力量。如果仅仅用很重的重物，我们会增大肌肉体积和力量，但会牺牲掉速度与灵活性。

举重设备可以锻炼整个胸肌区。哑铃也许是另一种更有益处的利用自由举重的锻炼方法。

2.3 训练长度

举重训练的最低期限，包括热身和冷身活动在内，约为45分钟。最好的办法是稳步进行，直到自己熟悉日常的活动，而且感到舒适，并且可以锻炼所有的肌肉丛。到了每次练习的结尾，可以集中锻炼某一个肌肉丛，使这个肌肉丛得到足够大的练习强度。为了避免这个训练计划太枯燥无聊，我们可以把每期举重训练分成三部分工作：

① 双肩与胸部

② 胳膊与背部

③ 双腿

也许很快就会发现，因为经常举重，手心会开始起泡或者起茧。如果引起太大不适，可以购买一副举重手套。这种手套没有指套，非常耐用，掌心都衬着一些垫子(图a)。背部是另一个容易受伤的部位。可以用很宽的皮带（图b）保护和支撑这个部位。进行力量练习的时候戴上这种皮带，进行腹肌练习和地面练习的时候可以解下来。

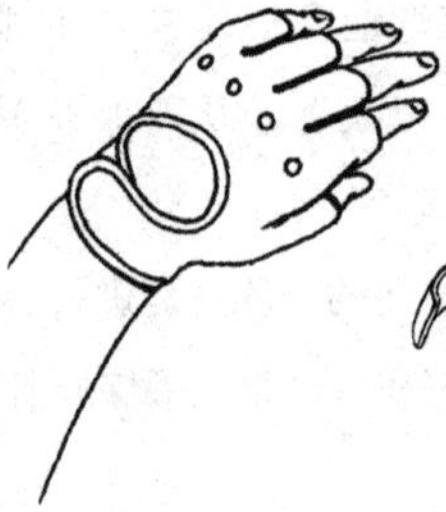
图a

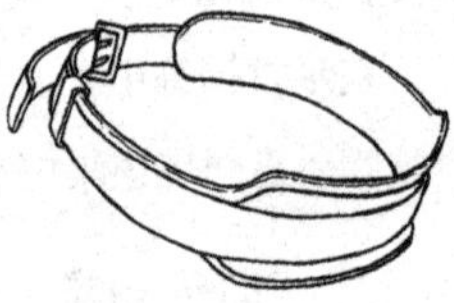
图b

3 双肩与上体的练习

肩关节是一种球窝关节，上肢的肱骨嵌在肩胛骨或肩胛的浅窝里。肩关节不能进行万向运动，因为受到例如喙突韧带等支撑结构的限制。哪怕没有这些韧带，肩关节的结构也只能允许其在最多90°的范围内进行侧向运动。胳膊要抬至头部以上，使上肢带关节（肩锁骨与胸锁骨关节）与前臂较上位的关节协同作用。因此，对于胳膊的某些动作来说，肩关节与胳膊上的关节必须与上肢带协同作用。

上肢与肩关节上的一块主要肌肉是三角肌，它围在肩关节的两侧，靠前和靠后的两侧。主要在向外举升和胳膊朝前及朝后旋转时发挥作用。活动胳膊和上肢带时涉及的其他肌肉包括大圆肌和小圆肌，还有脊椎上下神经索。涉及肩臂活动的另外两块较有力的肌肉将身体的中线（脊椎或胸骨）与上肢带或胳膊连接起来。胸肌盖住胸部，斜方肌将背部上部盖住，卷过去使肩与颈部的后部与上肢带连接起来。紧贴其下，就在斜方肌的下面，就是使上肢带与脊椎下部连接起来的背阔肌。涉及颈部与肩部运动的另外两块肌肉是胸锁乳肌与小胸肌。

图 1

3.1 两侧哑铃

直立，双脚稍微分开，各手执一哑铃（图 1）。

胳膊从身体两侧向外提起，双手掌心朝向身体一侧。保持胳膊绷直，交替抬起胳膊，直到重物与耳朵齐平（图 2）。

放下之前先保持一会儿。

以 5 ～ 7 千克的重物重复 10 次。

图 2

3.2 坐姿压铃

坐在长凳一侧，双手各执哑铃。

掌心向前抓住哑铃至齐肩高（图 1）。

在身体两侧推动双肘，使两只胳膊都伸到最远处（图 2）。

保持一会儿，之后回到起始位。

以 5 ~ 7 千克的重物重复 10 次。

图 1

图 2

3.3 胸前提杠铃

双脚分开齐肩宽站立，双臂伸直在胸前握杠铃（图 1）。

使杠铃尽量贴近前胸，缓缓提起杠铃，直到下颌以下，双肘向两侧（图 2）。

以 7 ~ 9 千克的重物重复 10 次。

图 1

图 2

3.4 胸部练习：长凳举铃

仰躺在长凳上，双手以略宽于肩膀的距离握住杠铃（图 1）。

举起架子上的杠铃，使双臂在头顶伸直，胳膊完全锁定（图 2）。

缓缓放下杠铃，使其接触胸部。

再举起至起始位。

练习期间不要弓起背部。双肩应一直紧贴长凳。

有伙伴一起做这个练习最好，力气当真用完的时候，伙伴可以帮助你把杠铃放回架子上。

图 1

以 36 ～ 54 千克重的杠铃做 3 套练习，每套重复 10 次。

有伙伴一起训练是极好的，这样可以彼此促进，养成友爱气氛。做某些类型的训练时还可以彼此帮助，比如帮忙举起太重的物体等。

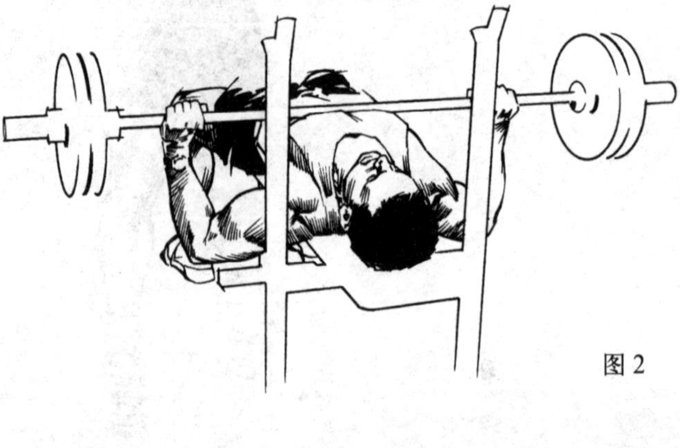

图 2

3.5 哑铃

仰躺在长凳上，双手各执一只哑铃。

双肘锁定，在头顶举起哑铃（图 1）。

双手掌心向内侧转动，使两只哑铃相接触，之后放下各边，使其与长凳平齐（图 2）。

保持一会儿，之后回到起始位。

尽量使哑铃沿着同样的弧线移动，防止哑铃向腰部靠拢。

以 7 ~ 9 千克的重物做 3 套练习，每套重复 10 次。

图 1

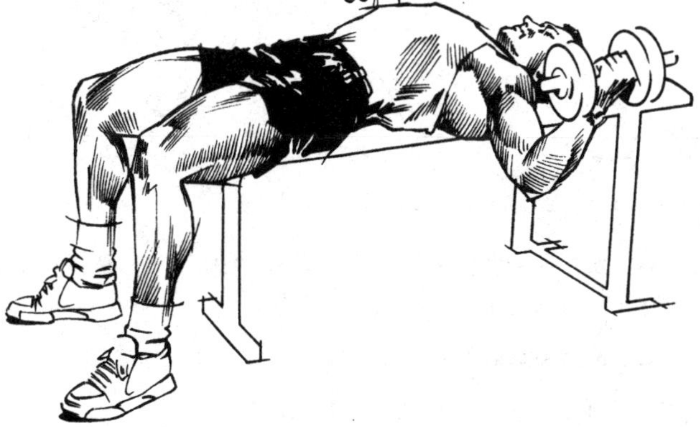

图 2

图 1

图 2

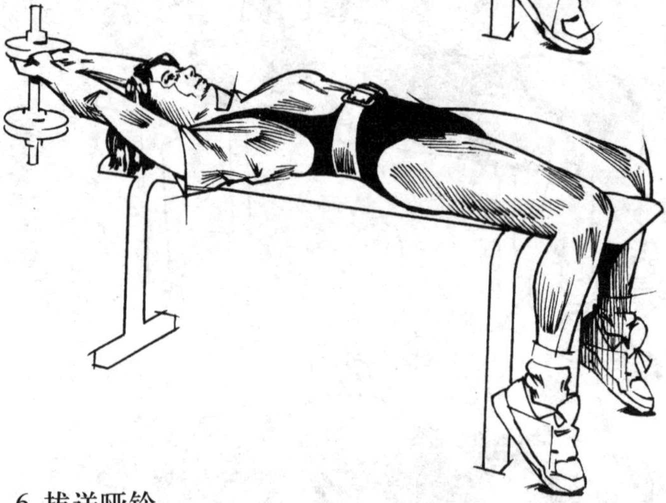

3.6 拔送哑铃

仰躺在长凳上，双手执一只哑铃（图 1）。

在胸前举起哑铃，使其向头部外侧移动，并使其向地面靠近。胳膊应该在较大的弧圈中移动，而且要保持挺直状态（图 2）。

回到起始位，使哑铃回到胸前上方的位置。

以 9 ~ 14 千克的重物做 3 套练习，各套重复 10 次。

3.7 背部练习：握铃弯腰

站在杠铃后，双腿齐肩宽站立，掌心向下握住杠铃。

起身，使身体与地面平行为止。让重物悬挂双膝保持略弯状态（图 1）。

向上举起杠铃，使其与胃部接触，之后缓缓放下。请记住，整个练习期间都应该保持前倾状态，重复期间不要将杠铃放在地板上（图 2）。

以 11 ～ 27 千克的重物做 3 套练习，各套重复 10 次。

图 1

图 2

3.8 单臂哑铃

图 1

左手握哑铃，左脚向前，右膝朝后，并保持这个姿势。

双膝弯曲，身体下倾，直至上体与地面平行。伸直胳膊握铃。另一只手抓住长凳边缘（图 1）。

提起哑铃至胸侧，并有控制地松回原位（图 2）。

交换胳膊做一整套练习，一共重复 10 次。

以 9 ~ 14 千克的重物做 3 套练习，各套重复 10 次。

图 2

图 1

图 2

3.9 原地上拉

双脚齐肩宽分立，之后蹲下抓起杠铃。一只手掌心向下握住杠铃，另一只手以相反方向握铃。这两种不同握法有利于控制杠铃的平衡（图 1）。

保持后背挺直状态，挺直双腿使杠铃离地。

耸肩使其回复站立位，下颌抬起，后背呈弧线（图 2）。

放下的时候，尽量用腿力控制杠铃。

以 36 ~ 45 千克的重物做 3 套练习，各套重复 10 次。

3.10 弯腰双侧提铃

双手各执哑铃坐在长凳一侧（图 1）。

腰部弯曲，使哑铃下降到脚踝一带。双臂保持挺直状态，提起哑铃到身体各侧，能举多远就举多远（图 2）。

整个练习期间一直保持腰部弯曲。

以 5 ～ 7 千克的重物重复练习 10 次。

这个练习锻炼围住肩关节的三角肌。

图 1

图 2

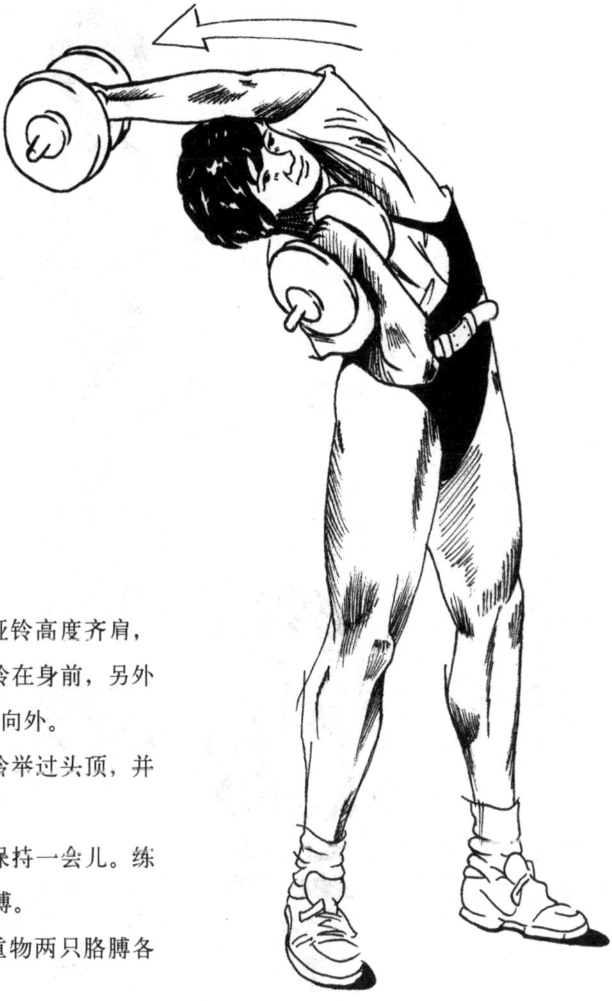

3.11 压铃

双手各执哑铃，哑铃高度齐肩，掌心向内举起一只哑铃在身前，另外一只哑铃在体侧，掌心向外。

将身体一侧的哑铃举过头顶，并朝相反的肩移动。

回到起始位前先保持一会儿。练习 10 次后换另一只胳膊。

以 5 ~ 7 千克的重物两只胳膊各练习 10 次。

3.12 耸肩

这个动作专门锻炼盖住上背部并延伸向前使肩部和颈部后背与上肢带连接起来的斜方肌。

双臂挺直站立，双手齐肩宽，向上握杠铃举起（下页图 1）。

尽量提升肩部。确保双臂挺直，并在整个动作期间保持挺直状态（下页图 2）。

松下肩膀使之回到起始状态完成一个重复动作。

以 7 ~ 9 千克的重物重复 10 次。

图 1

图 2

3.13 单臂抬放哑铃

这是锻炼二头肌的好办法。

用左手紧抓住哑铃，使前臂完全朝地面松弛（图 1）。

图 1

使哑铃回到起点位，再重复练习（图 2）。

图 2

4 臂力练习

如果掌心向上的时候看去，3 块三头肌的位置就在胳膊上半部分的背后。大而明显的那些肌肉在胳膊上半部分的前端，肘弯曲的时候，这些肌肉会鼓起来，这些肌肉就是 2 块二头肌。这两丛肌肉彼此相反而动，从而牵制肘关节的伸展与拉紧。

一个人站立的时候，如果放在两侧的胳膊向后转动掌心，那么，旋前圆肌和旋前方肌就会在肘下收缩。掌心向前转动是由旋后肌和二头肌来控制的。

4.1 卷腕

掌心向上握住杠铃，取舒适跪姿。向前倾身，前臂放在长凳上，手腕和手悬在长凳边缘上。

弯曲手腕，放下杠铃，使其尽量朝地面下降。手腕向下弯曲得稍感不适的时候，松开手指，使杠铃从掌心脱出（图 1）。

卷起杠铃，使其回到掌心，在前臂不离开长凳的情况下，使双手尽量举起（图 2）。

再次放下杠铃。这就完成了一个练习。

以 18 ~ 27 千克的重物做 3 套练习，各套重复 10 次。

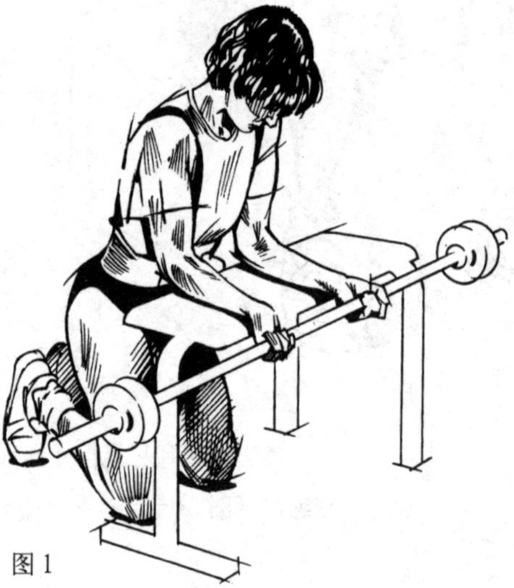

图 1

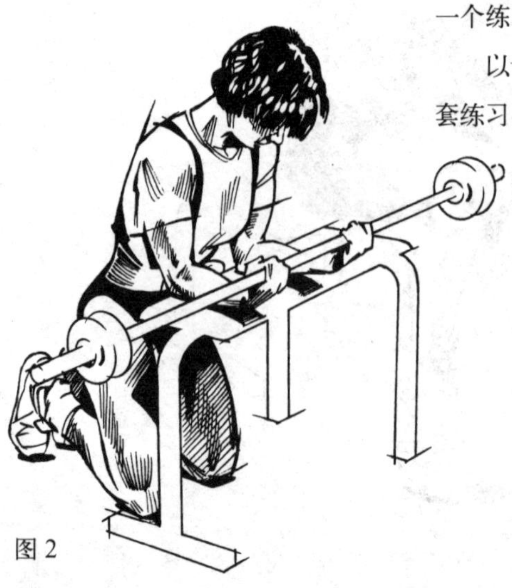

图 2

4.2 杠铃卷起

掌心向上握住杠铃，双手距离齐肩宽。

双腿以舒适间距站立，提起杠铃，并伸直胳膊吊住杠铃（图 1）。

肘关节保持固定位置，用胳膊前端提升杠铃，使其接触下颌部。放下之前先保持一会儿（图 2）。

以 14 ～ 20 千克的重物做 3 套练习，各套重复 10 次。

图 1

图 2

图 1

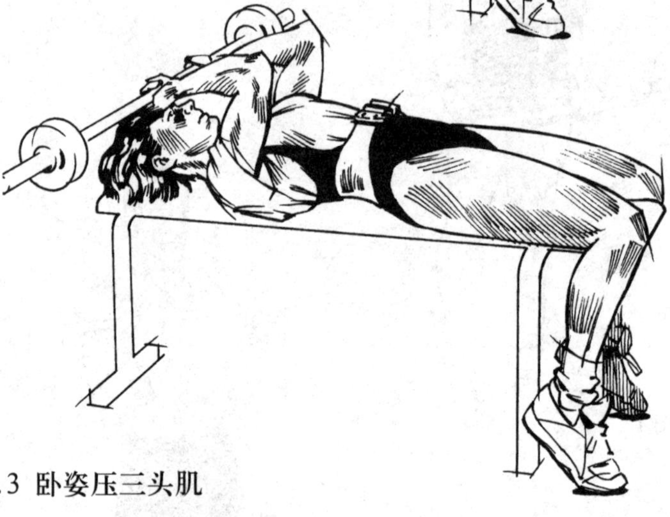

图 2

4.3 卧姿压三头肌

仰卧在长凳上，头与长凳齐平。

抓住杠铃，掌心向前，双手相距 15 厘米。双肘彼此接近，提起杠铃，使双臂锁定（图 1）。

缓缓放下杠铃，杠铃活动轨迹为朝向你前额的一个圆弧。之后慢慢将杠铃举起到开始位（图 2）。

以 9 ～ 14 千克的重物做 3 套练习，各套重复 10 次。

5　锻炼臀部和小腿

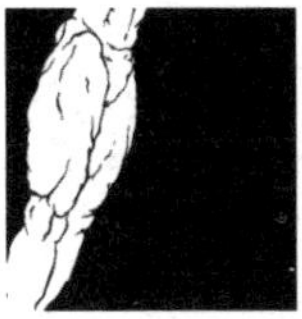

3块臀肌从骨盆带的后部向大腿骨（大腿上的长骨）延伸。这里面最大的一块是臀大肌，是一块很结实也很粗的肌肉，形成臀部的主要部分。其主要作用是沿躯干的方向收缩大腿（例如踢球的时候，这个动作是很重要的）。人类直立行走的时候，这部分肌肉起最基本的作用。另外2块臀肌用来帮助人单独站立的时候支撑躯干。

臀大肌的作用与髂腰肌的作用相反，髂腰肌可弯曲臀部的关节，使大腿骨向身体的前端靠近。这又是一组彼此作用相反的肌肉丛。髂腰肌丛包括使大腿骨的顶端与盆骨上部相连的髂肌和从大腿骨伸向脊柱腰段的腰大肌。这些肌肉通过起坐练习可得到最有效的锻炼。

另外一些肌肉从盆骨开始延伸，以不同的长度连接在大腿骨与胫骨的顶端。这些长而有力的肌肉，比如缝匠肌这种长的外展肌和股薄肌，其主要的工作是使腿部拉回身体。但是，因为其连接的方式有所不同，它们也能够转动臀部，在某些情况下还能够转动膝部。例如缝匠肌就可以使我们交叉双腿坐着。

称为四头肌的那组肌肉位于大腿的前端。它们与大腿后部的二头肌的作用正好相反。二头肌肉也称为腿筋，由半膜肌、半腱肌和股二头肌构成。这几丛肌肉共同收缩以控制膝关节。当四头肌收缩的时候，腿部就伸开，当二头肌收缩的时候，膝部就弯曲。

腓肠肌和比目鱼肌位于小腿的后部，比目鱼肌的位置比较大的腓肠肌的位置更靠里边。这些肌肉形成一个称为小腿三头肌的肌肉丛。这些肌肉伸向脚踝的时候，形成了人体最长的一根肌腱，称为跟腱。其功能是移动踝关节。这些小腿肌肉一部分由重力控制，另一部分由位于足部上半部分的一系列屈肌控制。小腿运动涉及的另一块重要的肌肉是前胫肌，就在胫骨上面的地方，它与膝关节与足上部相连接。

5.1 蹲位杠铃

双脚以略宽于肩宽的距离分开站立。

抓住杠铃，使其在双肩上平衡，头肩尽量保持挺直（下页图1）。

屈膝，使身体上部下移，直到大腿与地面平齐。后背保持挺直，眼光固定在远处的物体上（下页图2）。

图 1

图 2

开始练习的时候，杠铃搁在架子上是最好的。如果有困难，可以让同伴或教练帮你一下。

以 36 ~ 45 千克的重物做 3 套练习，各套重复 10 次。

5.2 握铃站立提小腿

左手握铃，使其悬挂在侧面。

左腿站立在高约 10 厘米的平台边上，空下来的右手保持身体平衡，之后使右腿离地（图 1）。

然后抬放左脚脚跟使跟腱得到拉伸（图 2）。

以 23 ～ 36 千克的重物做 3 套练习，左右腿各一套，各套重复 20 次。

图 1

图 2

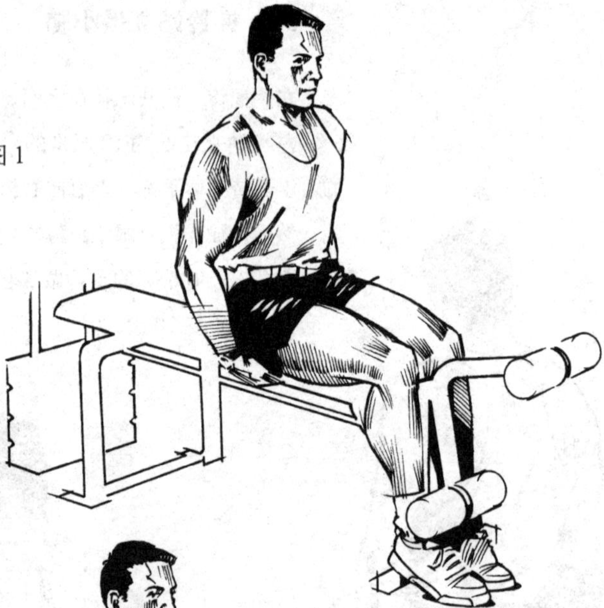

图 1

图 2

5.3 伸腿

本练习需要一条带有伸腿设备的长凳。

取舒适坐姿坐在长凳上，双脚放在有垫子的铁杠下面（图 1）。

紧抓住长凳的两边，慢慢地直腿，直到双腿锁定（图 2）。

慢慢回到起始位。

以 36 ~ 45 千克的重物做 3 套练习，各套重复 10 次。

5.4 卷腿

利用同样的长凳，俯卧，脚踝钩在上面加了垫子的铁杠上（图 1）。

紧抓住长凳两边，卷腿拉铁杠，直到双脚接触臀部（图 2）。

以 18 ～ 23 千克的重物做 3 套练习，各套重复 10 次。

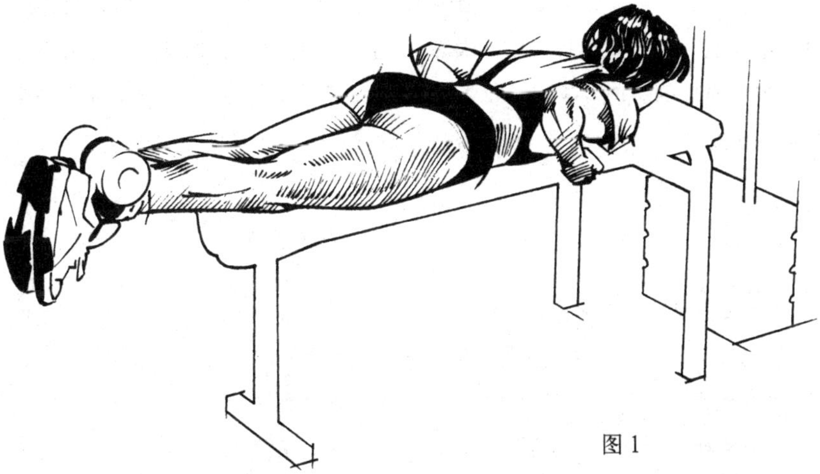

图 1

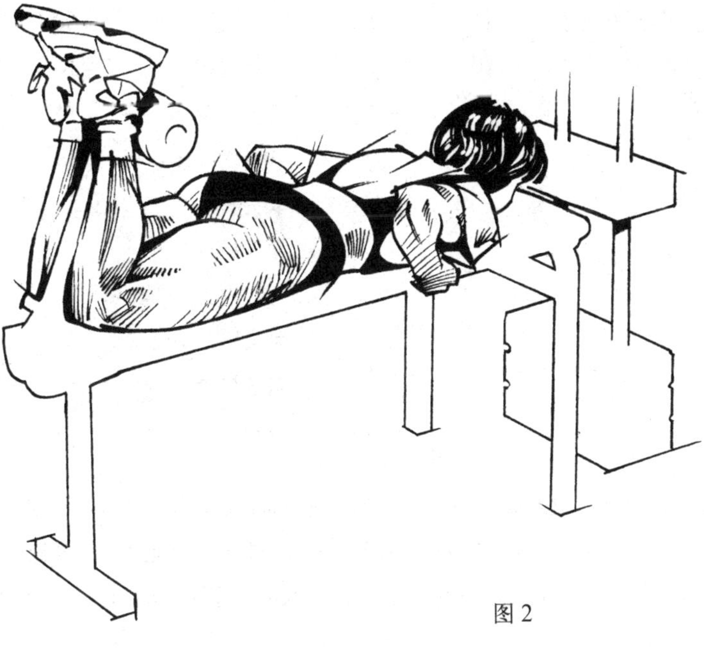

图 2

5.5 重物训练计划

一开始，我们将利用这些练习轮流锻炼各部分肌肉。随着计划的进展，我们会将其他一些练习编入我们目前的练习中，最后，我们将利用较重一些的重物。我们永远都应该将安全放在第一位，并且应该以自己感觉舒适的重物开始。

掌握了这一套练习之后，做第二和第三套的时候想办法增加一些重物。坚持做锻炼肩膀、胸部、背部、胳膊和腿部的练习。因为腿部有很大的强有力的肌肉，我们一般要锻炼 2 次。各套之间休息 3 分钟，每套完毕之后休息 5 分钟。

新手

热身 6 分钟	伸展 2 分钟	
练习	重复次数	套数
两侧哑铃	10	3
固定哑铃	10	3
握铃弯腰	10	3
握铃站立提小腿	10	3
杠铃卷起	10	3
蹲位杠铃	5	3
冷身		

中级水平

热身 6 分钟	伸展 2 分钟	
练习	重复次数	套数
两侧哑铃	10	3
固定哑铃	10	3
握铃弯腰	10	3
握铃站立提小腿	10	3
杠铃卷起	10	3
蹲位杠铃	10	3
胸前提杠铃	5	3
长凳举铃	5	3
单臂哑铃	5	3
握铃站立提小腿	5	3
卧姿压三头肌	5	3
蹲位杠铃	5	3
冷身		

进入到下一个高级训练计划之前，你必须感觉舒适，完全适应本计划。到目前为止，大家已经对各套练习中自己能够玩多重的重物比较清楚了。开始做第一套练习的时候，应该使用自己能够比较舒适地练习的最大重物，要求轻一点的重物。做

第二套的时候，加大到自己感觉舒适的最大重量，到最后一套的时候，想办法超过这个重量，并尽可能多地重复。

做完这一套练习之后，你应该更强壮一些了。为了最大程度地利用这份体力，你必须把举重训练综合到长期的训练计划之中，再加上周期练习、突击练习和跑步练习。

高级

热身 6 分钟	伸展 2 分钟				
练习	重复次数	套数	练习	重复次数	套数
两侧哑铃	10	3	杠铃卷起	10	3
胸前提杠铃	10	3	卧姿压三头肌	10	3
握铃弯腰	10	3	卷腕	10	3
压铃	10	3	握铃弯腰	10	3
长凳举铃	10	3	单臂哑铃	10	3
固定哑铃	10	3	原地上拉	10	3
拔送哑铃	10	3	蹲位杠铃	10	3
蹲位杠铃	10	3	握铃站立提小腿	10	3
握铃站立提小腿	10	3	伸腿	10	3
伸腿	10	3	卷腿	10	3
卷腿	10	3	冷身		

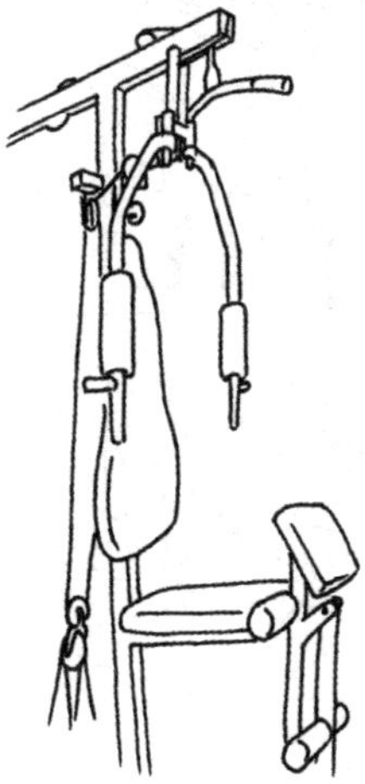

6　重物设备

大多数健身房和健身中心都有重物设备。这些设备为我们提供一个有用的解决办法，并融入我们总体的健身计划当中。

虽然非固定重物是重物训练中更好的工具，但是，重物设备可以复制许多举升或拉下动作。设备的最大好处是，只需要拉动滑轮就可以进行多种练习。抵抗力，也就是重物，只需要移动一个插销就可以更换。设备不要求你经常保持控制或平衡点，而在使用杠铃的时候就需要这么做。因此，设备用起来很安全，人们可以根据自己的要求随便使用器械。

许多器械跟非固定重物比较起来有不同的感觉，它们突然使你得出错误的成就印象，尽管它们对于恢复性的练习是很好的。用于重物设备的其他一些好的练习，包括坐立下拉，它可以锻炼上肢、颈部与肩膀；还有上拉，它可以锻炼胳膊与肩膀上的特别肌肉。

6.1 上拉

双腿略分开站立，抓起长杆至腰部水平。

提起长杆至下颌部，前臂与地面平齐。

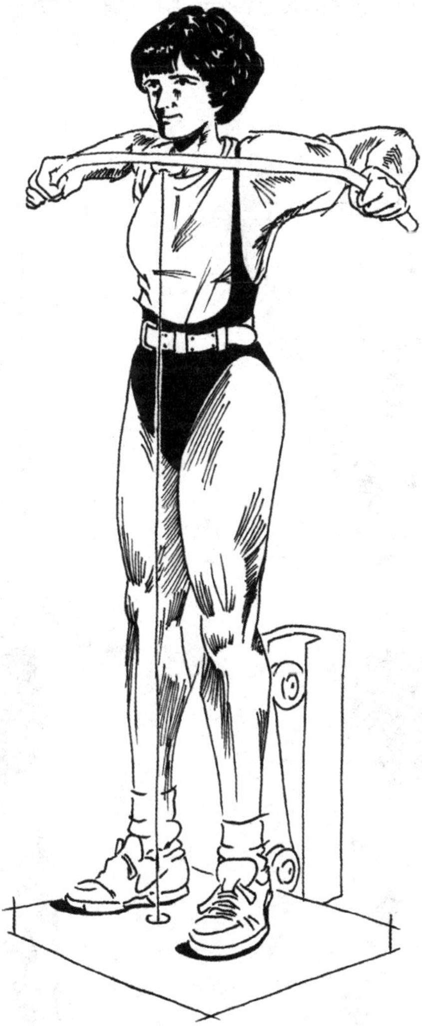

6.2 站立下拉

双手抓住长杆直立（下页图 1）。

下拉至腰部，停留片刻后，有控制地使长杆回升（下页图 2）。

做 3 套练习，各套重复 10 次。

器械对于这些练习是最理想的，也是我推荐的唯一设备。做 3 套练习，各套重复 10 次。本章前面描述过的其他各个练习用非固定重物练习起来效果更好。

图 1

图 2

图 1

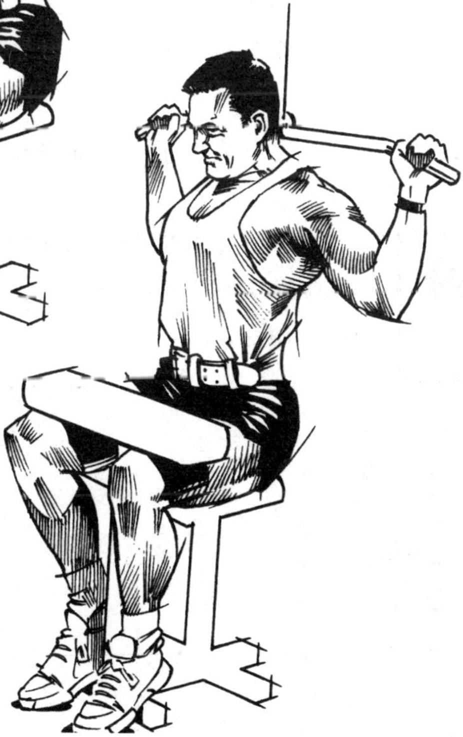

图 2

6.3 坐式下拉

坐下，伸手握住横杆（图 1）。

在颈后拉下长杆，之后轻拉着任其回到原位（图 2）。

6.4 英国皇家特种部队重物训练计划

高级计划应该隔天完成，比如星期一、星期三、星期五。

星期一：做重物训练第一套练习，用感觉舒适的重量。对于接下来的一套，加上2～4千克。到了最后一套练习的时候，再回头用觉得舒适的那个重量，但要增加2次重复。完成这组练习的时候应该燃烧臂部肌肉，这意味着尽量多重复几次。

星期三：按相反顺序重复星期一的计划。完成这组练习的时候应该燃烧腿部的肌肉。

星期五：以一半的重量完成计划，但最后一套练习应该做30个重复。接下来的星期五，应该做40个重复；到第三个星期五的时候，应该增加到50个重复；到第四个星期五的时候，各重物都增加2千克。现在，回到开始的时候，以长凳压铃燃烧胸部肌肉。需要一个朋友来鼓励一下，并帮助你将重物拉杆放回原位。

7 过度训练

性格、习惯或情绪状态的任何变化都意味着训练过度。过度训练会使人身心压抑，而且毫不奇怪的是，过度训练的迹象也是抑郁症的症状。

1. 胃口不好
2. 睡眠困难，或者醒得特别早
3. 易怒
4. 注意力难以集中
5. 疲劳或轻微压抑
6. 对训练缺乏兴趣
7. 轻微焦虑或生活中的小麻烦被夸大
8. 轻微疾病经常出现，比如感冒和皮肤感染

精神健康与表现力之间的关系，对于职业运动员来说非常重要，运动心理学家利用一系列的测试来辨别和处理这一类的问题。这些测试包括情绪状态简况（POMS）、运动竞争焦虑测试（SCAT）和运动情绪反应简况（SERP）。不要低

估保持心理健康和身体健康的重要性，也不要低估过度训练的危险。过度训练不仅仅只是起反作用，它会对你的生活产生极大的负面影响。定的目标要合理，应该将练习分配在一个合理的时间框架内，是对你来说现实可行的框架。罗马不是一天建起来的，你的身体也不会在一夜之间强壮起来。对自己的训练计划要有耐心，不要太快就指望得到太好的结果。不要经常称体重，不要经常量腰围，这样会使你背上沉重的心理负担。你的训练伙伴和完成训练计划的其他朋友与你有不同的进步速度。如果你的进展看起来慢一些，经常会经不住诱惑而加大砝码或者重复的次数，从而引起过度训练。应该坚持自己的个人计划，那是取得真实进步的唯一办法。

不要被报纸和杂志上的广告所哄骗，说什么“几周内养成健壮肌肉”。那只是一些聪明的广告把戏，利用人们的无知与幻想，根本没有什么捷径可走。只有艰苦的训练，持之以恒，有一整套的练习，还有强烈的自我促进！同时，你的健身计划会帮助你避免定期训练中常有的一些误区，那就是过度迷恋。总有这样一种健身的危险存在，那就是，你会把一辈子所有的空余时间全都泡在健身房里。这可并不是好事。大家应该继续工作以保持生活的平衡。否则，新找到的体力、耐力和克服新挑战的信心用到哪里去呢？

健身是很容易上瘾的。在艰苦和大范围的练习中，内啡肽和其他一些化学物质会释放到血液里，从而使疼痛感减轻，产生一种“兴奋”的感觉。有这样一种好处当然是好，但也不能牺牲自己的社会生活和亲朋好友。练习和健身不能占据你全部的生活，你得保持一份控制力。

同样，因肌肉损伤和其他小伤而产生的疼痛也不能忽视。让伤口愈合的唯一办法，要么是大幅缩减练习内容，要么停止一段时间，并且寻求专业的指导。

如果训练计划让你感觉疲劳，软弱无力或精神压抑，那就到了要么改变节奏，要么需要不同的健身计划，要么干脆休整的时候了。说得简单一些，你已经出现过度训练的情况了，而这些都是身体发出抗议的方式。如果感觉不再喜欢训练，或者觉得一点进展也没有，情况也是一样的。这些情况不是一天两天内养成的，也许是几个月时间里积累起来的。我们不能允许自己的身心感觉疲倦。正是这个原因，在严格的英国皇家特种部队计划中，我们将第六周安排为完全休整周。这可以提供极需要的休息，也可以使我们的胃口增强，并带着某种报复的意思重新开始训练。

当然，在训练中，大家也会体验到高潮与低潮，这都是正常的。有些日子，你感觉可以一直练习下去，但另外一些日子，光是把重块套到杠铃上就让你感觉极费劲。如果你感觉“差”的日子多过感觉“棒”的日子，那就要自问是否出现过度训练。如果是，那就要从健身房走出去，应该去找一本书看看，或者到太阳底下去晒一晒。可能跟孩子们玩一下子，或者找个地方踢踢球，或者去除草，这些都是某种形式的练习，但这些练习会使人充满活力。心理医生称其为“巧妙的不活动”。不久之后，你会重新充满活力，会重新走进健身房。但是，如果一走进健身房热情就下去了，那也许就到了改变训练方法的时候。也许别的健身客人让你感到不自在，也许员工提供的服务不周全，也许设备太老化，能够使用的时候少于乱七八糟的时候。应该努力在不同的面孔前练习，新人会让你的思想产生新的活力。

你很快会意识到心理和生理能力上发生的一些变化。你会意识到自己身体上的潜力。你还会了解身体的局限，也能够使这些长处和短处适应自己的个别训练计划。不同的练习与定期锻炼相结合，才能让你养成天生的本能，知道哪些东西是适合自己的。

关于过度训练，我们已经说了上述这么多，也许我应该说说，当你的训练进展不错，当你正在取得不错的成就的时候，应该会有哪些感觉和表现。

1. 在整个训练期间，都能够集中精力。

2. 随着计划的进展，应该能够投入更大的精力和更高的训练强度。

3. 你的自信心应该允许你努力实现自己的期望值。

4. 应该能够辨别出自己的弱项，而且想办法克服这些缺点，并制定出进一步的训练计划。

5. 轻微的生活琐事和焦虑之事不应该影响你的训练。

6. 某一次训练“不顺心”，不会挫败你的自信心。

7. 你应该明白如何训练才能找回失去的自信心。

8. 你应该保持住超出别人和有所改进的意志力。

8　等容练习

体力训练的另一个方法是通过使用等容线练习。

这涉及推拉不能移动的物体，这样，肌肉就可以在最小收缩状态下进行练习。最大的不便之处是，得到的体力往往局限在肢体部位和训练中利用的角度。

在等容练习法中，得到的体力在5～6周内可以看出来，假如各个练习中的10次重复（每次重复至少持续6秒钟）每周重复3次的话。

9　精神集中

精神集中很重要，可以使你的心思放在手头上正在忙碌的事情。同样，清除头脑中因为日常生活而产生的各种杂念也是很重要的，这样才能把心思集中在前面将要完成的练习上。下面的练习设计用来做这么一件事情，而且应该在热身之前完成这个练习。双脚轻松地站立，间距约齐肩宽。用心想象自己的身体，并放松。

从头部开始，想象你正在迫使所有的紧张感沿着身体“逃至”鞋跟处。闭上眼睛，在前额和面部两侧对付那个紧张感。你应该感觉到自己的头轻一些了。在想象的屏幕上，把这种紧张感吸进去，之后朝下压。放松颈部，让肩膀落下去。接下来，放松胳膊。它们应该开始感觉重一些了，因为肌肉不再对抗重力了。轻松地呼吸，放松胸腔、后背、胃部和臀部。想象你在从自己身体的内核呼吸。

放松双膝，想象双膝是橡树，根都布在土壤里面。清除头脑里面的私心杂念，开始思考积极快乐的事情，是你准备取得的一些成就。慢慢来。你现在应该能够放松下来了。是否会摇晃几下这没有关系，橡树有时也会摇晃的！

10　举重训练常例

坦率地说，你当真需要举重设备齐全的健身房提供的服务。在家里练习设备有限，而且没有同伴帮助，也没有教练来鼓励，明显不是太理想。在健身房里，你会遇到其他更有经验的一些运动爱好者。他们可以鼓励你，告诉你在一段时间和某种训练里你只能够得到什么。要跟利用同一个健身房的更有经验的人结成朋友。跟身体更强壮，速度更快，也比你更健康的人一起练习是很好的。在任何一种体育活动中都是如此。如果与水平更高的对手比赛，你会发现这样的人更认真，会推动你前进，并且总会鼓励你，那你的水平就更有可能迅速提高了。后来，当你更有经验一些之后，你就更有机会把自己的心得传递给后来的新手了。一句有名的格言说：怎么来的，也会怎么走。

10.1 高强度训练例行练习

利用这种练习来增大体力，发达肌肉。这个例行练习由 5 套练习组成。具体的练习法是由多次重复构成的，但这些重复每做完一套就少一套。为了弥补缺陷，我们每次都可以增加一些重量。

第一套——以 36 千克的重物重复 15 次。

第二套——以 41 千克的重物重复 10 次。

第三套——以 45 千克的重物重复 8 次。

第四套——以 50 千克的重物重复 6 次。

第五套——以 54 千克的重物重复 4 次。

这些都只是建议的重量，目的是要说明大概的意思。你可以自己选择重量，如果经过最后一次练习后你觉得太疲倦了，可以修改这个计划，减少每套中的重复次数。应该努力尝试自己能够举起来的最大重量。如果你想看到益处，至少应该完整地做 5 套练习。请记住，各套之间应该有休息时间，目的是要让肌肉有时间恢复。这个练习可以使肌肉发达，但会以速度减缓为代价。

10.2 高强度训练

这类练习只提供每套练习期间最少的休息时间。这对于速度和耐力是很好的。意思是说，你努力拼搏，能拼多长时间就拼多长时间。我们称这种练习为“快速心力衰竭”。这就是健身训练的本质所在，就是在给定的时间内完成尽量多的练习。打一个比方说，这就是快跑与慢跑之间的差别。慢跑的时候，50分钟内你有可能只跑完4公里。你的步伐很短，抬腿也很低，心脏和肺部并没有处在超负荷状态。对照而言，假如你在50分钟时间内所跑的距离翻一番，心肺就会更努力地工作。同样的原理也用在高强度的举重训练中。利用中等量的重物，尽快完成自己的工作量。这里的危险就在于走捷径。你需要注意力集中，做完全部应该有的动作，而且在任何时候都应该控制住重物。

10.3 低重复率训练

低重复率训练对于年岁大的人是最理想的，因为他们需要的是更大的灵活性。利用较轻和中等重量的重块做少数的重复，他们可以做完全套的动作，而这些动作一般来说对他们是很难完成的。对于这个目的来说，重物是最好的练习，经过较低重复率的练习之后，他们一般会体会到兴奋的感觉。

10.3.1 非固定重物与重物训练器械

大多数健身房都有重物训练器械，同时也有非固定的重物。在你的训练计划中，应该综合利用这两种不同的重物训练设备。当然，非固定的重物用起来比较麻烦，因为从始至终都必须控制住它们。器械重物只需要举起来，而且只需要在垂直的平面上加以控制。这样的重物不会一下子失去控制，最糟糕的事情莫过于摔在地上。我以前说过，器械的确有一个很大的不利，那就是，它们会给你一个错误的印象，让你觉得很有力量。在器械上提升一个45千克的重物，在实际生活中也可能只相当于提升一个36千克重的非固定重物。

因此，大家可以看出来，综合两种重物训练设备是有益的。尤其是，骑车、溜冰和划船设备都是很好的热身和冷身项目。踏步机可以调到不同的速度，因此也可以综合到自己的健身计划中去。踏步机对冷身的效果尤其不错。在约6分钟的时间内，你可以慢慢使速度降下来，直到心跳和呼吸率都恢复到正常水平。一个不利之处在于，踏步机在健身房里总有人占着，如果你占着器械跑完自己的马拉松，工作人员和其他客户将会不悦。

伸腿和卷腿器械是前面提到过的，它们可以提供很不错的纠正练习，帮助你克服某些类型的损伤，很多运动生理学家也推荐使用这些练法。

器械还给新手提供便捷的重物训练，而且更容易上路，马上就可以进入到非固定重物的训练。当然，利用杠铃和哑铃就要小心了。我曾见到很多重块没有固定好而掉下来，结果伤了人。还有些时候，平衡点突然变化，结果重块从杠铃上掉下来，同样导致严重的损伤。

我们现在来看看一个简单的计划，它综合了器械和非固定重物练习两者的好处。

10.3.2 非固定重块与举重器械

W＝非固定重块　M＝举重器械

周期	6分钟	
练习	重复次数	套数
M固定哑铃	10	3
M提小腿	10	3
M下拉	10	3
M卷腿	10	3
W胸前提杠	10	3
W两侧哑铃	10	3
M三头肌下推	10	3
W长凳压铃	10	3
M伸腿	10	3
W伸臂	10	3
M卷腿	10	3
W拔送哑铃	10	3
踏步机6分钟		

第四章

跑 步

跑步是所有健身计划中最基本的一项内容。这是许多体育项目中关键的一部分，作为健身计划的一部分，没有任何东西能与之相比。

我们先来纠正过去的一些错误看法。跑步与慢跑之间有很大差别。你可以一直慢跑下去，直到双腿疼痛，脚上打泡，但仍然有可能得不到任何实际的长期效果。

对照而言，跑步使心肺都适应于速度和耐力。它并不要求有特别的设备，而且可以在一天的任何时段进行，而且是绝对免费的。

1 跑步

选择一条安静的跑步路线，避开交通繁忙的公路。尤其是要避开车辆太多的公路，因为污染的危险远远超出从练习中得到的好处。跑步有可能会让人觉得无趣，在此，找一处风景好的跑步路线是必要的。看着让人兴奋的乡村风景有助于让人感觉时间过得很快。当跑步路线开始变得跟老式的电视电影一样的时候，可以反向跑，或者选择多条跑步线路。跑步的时候应该考虑到途中最好有小山坡，因为这会锻炼你的体力，而且更快培养出耐力。

2 一些问题

按照专家的样子做，身心放松，跑步的时候以合适的步伐跑动。不要抡紧胳膊，也不要让膝盖绷得太紧，应该让双腿以较长步跨低水平跑动。

只需要几条规则，跑步的短处就可以完全克服掉了。脚上打泡可以很容易地避免，只要我们注意足部的安全，而且配备合适的鞋袜就可以了。你并不需要代价昂贵、危言耸听的培训教练。在英国皇家特种部队训练班，我们都是穿皮靴跑步和训练的。并没有所谓的“飞行鞋”供大家在沙漠行走，也没有这样的东西供人们在丛林中使用，而我们却经常在丛林中进行练习。较重的鞋子让人锻炼起来更费力，但也保持我们的脚不受太硬地面的损害。

确保跑步用的鞋子合脚而且牢固经用，这可以避免不必要的疼痛。脚上打泡是很疼的，而且需要相当长的时间才能恢复。

如果按照循序渐进的办法进行练习，肌肉和肌腱损伤以及更严重的腿骨撕裂就可以避免。这样一些损伤多半是过度训练引起的，也就是说，进行了太频繁太多的训练。

3　动作

跑步是一种自然的行为，人人都喜欢。跑步是忘记头脑中一切生活烦恼的好办法，因此应该看作是一种乐事而不是杂务。秘密是要放松。

胳膊和双肩都不能太紧张，身体稍稍向前倾，选择一种长而舒适的跨步。胳膊放松，双手轻握，拇指放在最上面。轻松而有规律的胳膊运动有助于保持动量和平衡。不要过多伸展膝部。短跑运动员需要抬高膝部以赢得速度，但是，较低的大跨步对远距离来说更有用处。

4　距离

对于不同的训练要求，我们将介绍不同的跑步方案。跑步的强度比距离更重要。一般来说，速度是靠短距离的快速跑动取得的，但是，远距离跑步能够养成耐力。

5　第一步

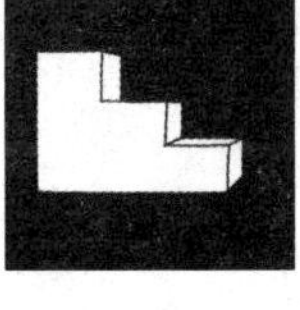

找个时间，必须有 30 分钟的空余。如果工作很忙，早晨和晚上是最好的。选择一个 5 公里左右的路程，能够慢跑多远就慢跑

多远。如果不能慢跑这么长的时间，那就利用快步走的方式走完这段距离。利用行走阶段让身体恢复，之后再恢复到慢跑状态。跑完之后给自己记个时间，把个人的跑步时间记录下来。

跑步应该隔天进行，不久之后，这 5 公里的路程跑起来就完全不费事了。如果发现这种情况，想办法以更快速度跑完这段距离。便宜的计时表可以帮助你记录自己的一系列慢跑时间。慢跑中间可进行少许短跑冲刺活动，之后再进行慢跑，以恢复体力。如果你希望得到平均约每小时 10 公里的速度，试着加大步跨和膝部提升高度，这个节奏很容易实现，可使你很快跑完相当长的距离。在某些训练方法中，一些身背重物的士兵利用这种跑步法走完很远的距离。在第二次世界大战期间，这种方法称为“突击队式快跑”。

应该与一同训练的伙伴一起进行长跑训练，他最好进入了骑车练习阶段。这样，他可以提供一些食物和饮料给你，而且可以彼此追逐。

6　短跑

接下来的步骤是在30分钟内跑完相当平坦的5公里路程。最后的百米可试着冲刺。

7　乐趣跑

这种跑步法大约坚持一个小时，一般要跑完8.5公里。包括几处小山，作为打破沉闷的方法。最后百米也要试着冲刺。

8　快跑

以自己能够做到的最快速度跑完5公里。给自己设定一个目标，并不断打破自己的纪录。

9　长跑

现在，可以准备长跑了，90分钟内跑完16公里。选择一个风景较好的线路，还要有相当的坡度。一开始要慢慢跑，结束的时候快跑。最后百米要冲刺。

10　一些有用的建议

有些狗喜欢追跑步的人。它们只是为了好玩，但有时候也很让人觉得讨厌。如果跑步的人显出攻击性，或者露出明显的胆怯，那么，这样的遭遇就会变得很让人讨厌了。站着不动，保护好自己的阴部，避免与狗发生视线接触，很慢但很坚决地对狗说，“坐下”或“就在这里别动”，最后，慢慢走开。继续跑步之前，确保自己已经跟狗拉开了相当一段距离。永远不要带上耳机！耳机会让你与周围的世界完全断开联系。你听不到远处开来的汽车声，也无法意识到周围的危险。

第五章

拉练

许多人曾问我，通过英国皇家特种部队特种兵的选择有什么诀窍。但这里根本没有什么诀窍，没有捷径可走，只有艰苦的努力，而且你还必须极想通过这样的考试。只有一个办法能将背包背到足够远的距离，那就是站起身来朝前走。

1　拉练

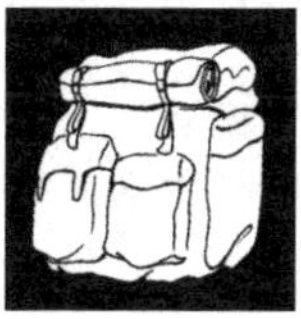

特种部队的特点是，他们在有必要的情况下每天走很远的路，一直到完成任务为止。他们经常携带着完成使命必需的沉重的装备——有时候重达 68 千克。因此，英国皇家特种部队经常从 65 公里的渗入行动开始，而且必须在短短 9 小时内完成。为了选择合适的人选，会设立一个选择课程，让候选人展现出自己耐力的极限。根据推测，在巨大的身心困难条件下，人的真正本质就会展露出来。那些具备"必要条件"的人会一直走下去，而准确地找到各个集合地点。但是，还有更多内容。在这整个的考验期间，他们都必须以特种兵的要求发挥自己的作用，要记得自己的集合地点的训练内容，而且还要观察和记住不断变化的环境。许多人曾问我，通过英国皇家特种部队特种兵的选择有什么诀窍。但这里根本没有什么诀窍，没有捷径可走，只有艰苦的努力，而且你还必须极想通过这样的考试。只有一个办法能将背包背到足够远的距离，那就是站起身来朝前走。

2　帆布背包

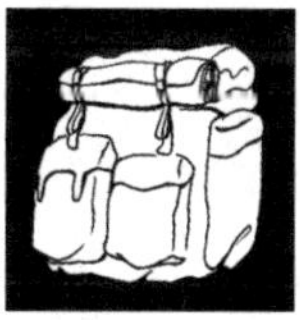

背包一旦上了肩，你就应该忘记它的存在。但是，只有背包背起来舒适，你才做得到忘记它。

选择适合自己的背包。专门销售户外活动设备的很多专营店里，有大量可供选择的很好的军用背包、登山包和爬山背包。当然，其中有些很贵，但是，制作质量上乘的背包所花的时间和努力值得人们按它的标价购买。好的背包可以用一辈子。

选择背包的时候，应该仔细检查它的悬挂系统。确保背包有加了垫子的系带，可能是可以全程调节的。加上垫子的臀部带可使肩上的很大一部分重量转移出去。很重的背包有可能让肩膀磨伤或者发炎。帆布背包应该有很好的框架，而且有充足的容量，足够存放你需要的东西。白天用的小包大约有 20 升的容量，而较大的远足包应该有约 100 升的容量。与其选择太小的包，倒不如选择太大的包，至少可以装下你需要的所有东西。你无法将 30 升的东西硬塞进 20 升的包里。另外一方面，如果包大到超过你需要的程度，那你也没有必要非要将它装满！

外部的口袋也是很重要的，因为你并不想经常打开背包翻找里面的东西，尤其是当天气不好的时候。

背包应该用结实和耐用的材料制作成，比如帆布，而且应该有较坚固的框架支撑。这些框架应该是隐藏起来的，或者加上了垫子，否则会让你的背部发炎。如果你发现背包在行走期间让你的后背发炎，一般可以利用泡沫橡胶加以“软化”，这些泡沫橡胶一般是用电工胶带固定在背包上的。有些英国皇家特种部队士兵沿途利用橡胶垫子，这些橡胶垫子固定在背包的框架上。这个东西做起来很容易，用很薄的泡沫橡胶坐垫包上结实的聚乙烯就行了。

好的背包是拉练活动中必不可少的用品。选择高质量的现代背包，其重心在肩膀以上，而且外面还有很多小包。

购买背包的时候，应该检查一下其重心。现代的背包制作时都有很高的重心，都在肩膀很高的地方，但仍然围绕在后背一带。背包不能太高，否则会压着你向前倾，如果遇到大风，这样的背包就会使你变成一只快速前进的帆船！在山区行走时，这一点非常重要，因为山区的路有时很陡，风力可达每小时 97 公里。

许多人购买军用型背包。当然，这些背包一般都设计得很好，而且具有很多好处，是更昂贵的商用登山包所不能比的。但是，我们必须在这里说一说应该避免的事情。老式的“突击队员背包”，比如拉练包，原来是设计供滑雪部队用的，因此重心设计得很低。大多数重量都集中在较低的后背上，这就有可能引起脊椎毛病和可怕的“远征伤”。远征伤是指背部发炎，或者皮肤被磨破。这种包现在主要是在剩余军需品商店里有售，应该避免这种包！除开设计不太好以外，这种包的容量也很小，比同等大小的包容量小得多。

著名的英国皇家特种部队远征包也是应该避免的用品。因为它主要是用来存放个人用降落伞的，因此里面有加强型框架，结果额外增加了重量。除非你准备乘降落伞到健身房去，否则，选择更轻的一种包会好些！许多皇家海军突击队员使用的赛克洛普斯（Cyclops）系列背包可提供同样的益处，但其框架却轻得多。

3　装载背包

不要在背包里装上沙子或砖头以满足重量要求，这是个错误的想法。砖头会损坏你的背包，而沙子是一种静负载，它们会一直沉到背包的底部，使脊椎承受额外的压迫。应该在背包里装上一些有用的东西。到了某些时候，你会庆幸自己带上了预防坏天气的用品，或者庆幸自己带上了冲泡一杯好茶的用品。如果困在山区的某个地方，而且自己又受了伤，那你会有必要的用品让自己先舒服地歇着，直到救援人员赶到。如何正确装填野营背包，是英国皇家特种部队士兵必须要上的第一堂课。重量应该均匀地分布在背包的各处。应该先把不太经常用到的东西，比如一天才用一次的东西，放进背包里，之后将睡袋用防水袋包起来放进去。湿睡袋睡起来极其难受，不容易保存体温，而且很容易引起严重的疾病，比如肺炎。

接下来，把换洗的衣服放进去，包括皮靴或软运动鞋。这些东西也必须包在防水袋里。请记住，虽然背包本身可以防水，但很少有包真正能够滴水不进。接下来是你的帐篷、第一救助用品和有可能用到的其他设备。应该努力记住哪些东西存放在哪些地方。你并不想每次取用什么东西的时候把整个包都倒出来吧。

在最顶层的口袋盖底下，放上一套防水用的雨衣。休息或做轻松工作的时候不要穿雨衣。穿上雨衣以后，你会发现自己很快就浑身湿透，如果出汗过多，你还会有体温过低的大问题，这个问题有性命之虞。另外，背包的系带会摩擦双肩，因此雨衣也容易漏水。

外面的小口袋都是装你经常要用的东西的，比如煮东西用的设备、食物、水、甜食等，是你伸手就拿得到的东西。

4 衣物

训练的时候，带上合适的衣物是重要的。背上背包是很难受的事情，因此不能带太多衣物。套衫下面可穿上棉T恤。如果天气很潮湿，或者很冷，你可以在外面穿上防风罩衫（如右图）。保温的诀窍在于多穿几层。身体开始发热的时候，可以脱下外面的一层，装进背包里。防水裤也是很好的主意，尤其是天气不好的时候。防水裤穿在行走裤或短裤的外面。最后，你需要极合脚的一双皮靴和棉袜，这样可使脚打泡的可能降至最低水平。

拉练会让你大量出汗。一旦发热，想办法不要让身体很快凉下来。应该把停下来休息的次数降至最低（每小时休息 5 ～ 10 分钟），停下来的时候应该穿上保暖的衣服。再次行走之前，应该把多余的外衣脱掉。

5 鞋子

应该仔细选鞋子，而且要准备好一笔钱。鞋子必须很合脚，而且很舒适，防水而且耐用。鞋子应该能够为脚踝提供支撑，但又不能太高，否则会压迫跟腱。不要选择能极快系紧的鞋子，因为这些东西会绊上杂草，容易摔跤。另外，鞋带有可能松脱，将人绊倒。

购买拉练用的鞋子时，千万不要为了省钱而牺牲质量。左图这种鞋子是非常理想的，有很好的垫子，有足够的高度支撑脚踝。

不要购买剩余军需品的鞋子，尤其是新式的高帮作战靴。这些作战靴比所有新潮鞋子加在一起绊倒的士兵还要多。

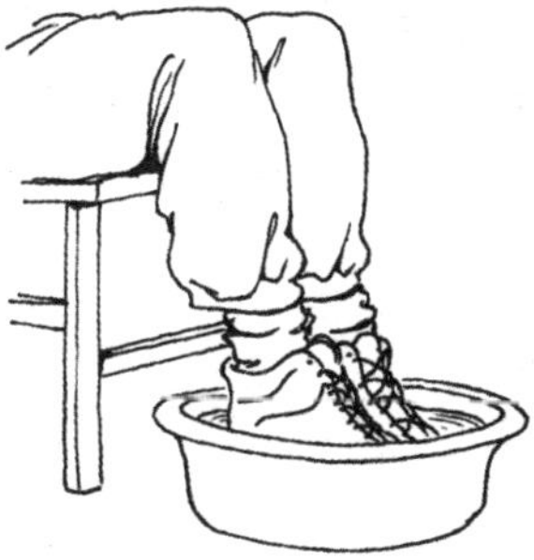

现代的鞋子很容易合脚，但仍然需要你费点劲。合脚的最好办法是坐在舒适的椅子上，把穿好的鞋子放进一盆浅水里。任其浸泡 30 分钟，之后穿上走。让鞋子自然风干。不要把鞋子放在靠近火的地方，也不要靠近暖气片，因为这会使皮革干裂断开。这么做的时候，应该记得把袜子也穿上。

6　帽子

帽子有助于使散热减少到最低水平。人体 40%的热量是通过头部和颈部散发出去的。如果天热，你可以摘下帽子塞进背包里。在真正寒冷的天气里，羊毛滑雪头罩是极好的选择。

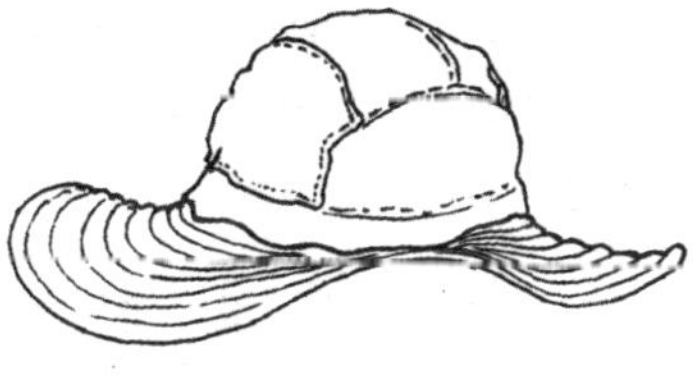

7　个人用品

个人用品应该能够满足你特别的需求，但一般应该包括要去的那个地区的详细地图和一个指南针以及一个小自救盒，这些东西应该放在胸前口袋里。救生刀和电话更换件（或电话卡）也是重要的。

8 皮带用品

皮带用品很有用，尤其是在受伤，或者因为某种原因需要扔掉背包的时候。皮带用品应该包括一个水瓶，至少还要有一个装有小吃的小包。这样的话，你就可以一边走一边吃喝了。

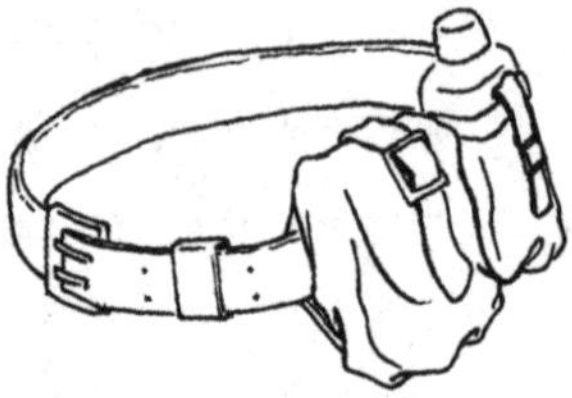

9 出发

小用品和衣物都清理完毕之后，我们现在就可以开始训练了。你的背包重量应该调整到约 18 千克——如果你带上了合适的设备，背包的重量很少小于这个数字的。你可以利用公园或其他敞开的地方适应拉练的感觉。开始的时候不要上公路，因为在公路的硬路面上大踏步行走会造成腿伤。应该在离家较近的地方练习，行走 1 小时左右。然后检查一下背包的重心是否合适，系带是否调节好了。

第一次真正的行走应该控制在 4 小时左右，在这期间，你应该尽量多走一些距离。尽量远离公路。利用地图选择一条跨越野外的路线，之后可以走到自己家门口或汽车旁边。小山、大山或野外是最理想的，但是，如果找不到这样的地方，可以查一查陆地测量局的地图，看看有没有小路可以走的。一旦出城，你会发现有很多纵横交叉的小路。

爬山的时候，应该走小步，并且一气爬上山顶（图 a）。

图 a

到达山顶之后，把步幅加大，尽量快地走完平地（图b）。

图b

下山的时候，应该把背包弄紧，以轻松的慢跑节奏下山（图c）。

图c

但是，下山的时候，地面类型和背包的重量将确定最大安全速度。

英国皇家特种部队的士兵以约每小时 6.5 公里的平均速度前进，如果有时间要求，他们会以每小时 9.5 ~ 11 公里的速度前进。每小时应该让自己休息 5 ~ 10 分钟。在崎岖不平的山间小路上行走，4 小时有可能走完 20 公里。这可以作为首要目标，但在你到达这个水平之前，也许先需要在那种路上试验几次。一旦熟悉了道路，走起来就容易了，你自己行走的时间就会短一些。

10　更高级的行走

掌握了每小时 20 公里的耐力拉练以后，你可以开始增加背包的重量了。每次增加 2 ~ 2.5 千克，但要保持在 4 小时的时间限度以内。背包重量增加到 25 千克的时候，应该想办法走完 40 公里。几经练习之后，你应该能够在 6 ~ 8 小时内走完 40 公里。

到了约 32 公里的时候，你会产生“砸墙”的感觉。这是马拉松选手和超级长跑选手们的一种说法，意思是指速度开始慢下来的一种状态，你的注意力开始分散了（你可能只会想到吃的东西），你的感觉也糟糕透了。其原因很简单：你的燃料用完了。说得再简单些，走完 40 公里的路程需要约 700 克糖，这个数字是研究极会节省能源而且条件极好的运动员的身体之后得出来的。哪怕行走之前你已经吃了满肚子的火星糖块或土豆，700 克糖还是比血液和肌肉中所有的糖合并起来还要多。人体如果缺糖分，它就开始燃烧脂肪，但是，燃烧脂肪的速度比消耗糖的速度慢得多，因此你开始感觉表现不佳。当然，答案是明显的。带上一些含糖高的食物，比如火星糖块和富含葡萄糖的甜点，一旦过了半线点之后，你就可以开始慢慢吃了。这是为了让糖有时间进入血液，以免身体的能源事先枯竭。

你也许会发现自己还有其他毛病。出汗的时候，人体会损失一部分盐，导致肌肉酸痛抽筋。糖里面含有钠、钾和氯离子。这些东西在人体中的作用，正如电解质在汽车电池中的作用。在过去，英国陆军为士兵发放盐（氯化钠）片，但麻烦就在这里。正常的食物包含足够多的钠，除非你进行的是超级马拉松或在夏天参加英国皇家特种部队的最终调查拉练。真正供应不足，但又不容易补充的是钾。解决的办法也很简单。带一些多汁和熟透的水果。果汁和水果（尤其是香蕉）都富含这种矿物质。

保持足够的体液对耐力的培养是很重要的。在野外饮水的时候要注意。流水是最清洁的，不流动的水有可能受了污染。因此，野外饮水一定要小心。

走 1 个小时的话，应该想办法背上 36 千克的包。之后，每次重新开始的时候都增加 1 个小时，直到自己可以背上 36 千克的包行走 4 小时。节奏会慢很多，但原理还是一样的。每隔 1 小时还是要休息 5 ~ 10 分钟，但应该将这个休息时间安排在路途上要求最高的时候。不断继续下去，将重量增加上去，直到可以背着 45 千克的包行走 4 个小时。背过重包之后，再试着背 25 千克的包，你会明显感觉其中的差别。你会感觉健步如飞。

11　英国皇家特种部队拉练

选择第 22 期英国皇家特种部队突击队的时候，最后的调查拉练要求在威尔士山区（或类似地区）完成 60 公里路程，同时要背上 25 千克的背包，加上步枪和皮带用品。允许的时间是 20 小时。在这一类的拉练中，你当然必须要注意到所有细节。良好的平衡是尤其重要的，如果你希望保存自己的体力的话。当然，平衡对安全也是很重要的，尤其是在山间小路上行走时。

美洲印第安人经常稍稍向内弯起脚尖练习行走。如果你让脚尖朝外，那就很难走上直线。同样，应该避免用脚跟走路，因为这也容易使身体失衡。最好是沿着自己的行走线路向前倾一些，而不要靠后。双肩稍微卷起一些也有利于保持动量。行走的时候，应该让脚面全部与地面接触。这样的话，身体的重量就均匀地分布在脚上，这在肩扛重物的时候尤其重要。不要踮在脚尖上行走，因为这会刺激脚跟和与之相连接的小腿肌肉。爬很陡的山坡时，你应该只用脚尖。爬陡坡的另一个办法是走之字形，有地方歇脚就歇一会儿脚。虽然这个办法爬山要费更大的体力，但是，总体的要求还是会小一些。应该注意地面，留心不要踩到石头或松弛的碎石上。山上比低地承受更多雨水，因此在山上石头会更滑，也很容易松动。上山的路线应该计划好，但是，应该做好思想准备，随时修正这个计划。尤其是避开浓密的植被、岩石露头和碎石坡。

鼓励一位朋友陪你一起远足，而且彼此交替在前面引路并确定行走节奏。事先计划好集合地点，以防中途两人走散。

远离河流和小溪，有些河流和小溪很难越过，水流可能很急，很冷。如果面临跨过湍急的小溪，应该沿着河岸朝山上多走一会儿，直到找到可以安全跳过去的窄处。

放脚的地方应该小心，确保踏脚处是安全的才移动重心。这在爬陡坡时尤其重要。膝盖是很容易受伤的关节，不小心一滑有可能扭伤膝盖，并造成大面积损伤。到达山顶后，应该把邻近的山脊和小山也放进自己的行走路线，并在高地上尽量多停留一阵子。

离开高地之前，应该确保清楚自己的方位所在，而且保证自己是在正确的路线上。在非常难走的地面（让人想起东南亚的山区丛林），唯一能够行走的地方就是爬横岭，沿着山脊线走，之后再走上另一道横岭，并与自己的行走路线保持一致。基本上没有观察点，所有的地方看起来都是一样的。如果走错了横岭，离开高地时犯一个错误的话，极有可能造成一场灾难，会使巡逻人员花费数小时确定方位，有时候需要多走好几天的路。

下山的时候，要用很短的跳跃式步伐来控制动量，并以慢跑姿势下山。在很陡的山坡上，脚跟要挖着走，利用双臂保持平衡。行走的时候，双手永远不要放在口袋里。应该注意保持节奏。如果发现自己平衡不易，或者感觉失去速度控制，可以向后靠，然后坐下来。

回到平地的时候，应该用很长的舒适的步跨。每步尽量多跨一些。注意周围的风景地标，并且注意四周的自然遮蔽物，以防天气向更糟糕的情形转化。在山区谷地，很轻的雾雨很容易就变成地面的雪。

尽量走最短路线，尽管有时候沿直线行走是很困难的，因此你必须绕过一些障碍物。如果有疑问，利用指南针确定自己的行走方向。应该永远相信指南针。在暴风雪、暴雨、雾中或在夜里，很难根据地图和地面情况行走。

第六章

游 泳

游泳在我们的健身计划中起相对较小但也很重要的作用，它是一种很好的全能锻炼方法，也是进行其他严格训练的中间休息过程。

1　游泳

水是这个星球上能量最大的自然要素，因此应该予以尊重。皇家空军特种部队的每一名士兵都应该在水里有高度的自信，而特种部队也花很多时间确保人人都能够达到标准。每个中队都有一个两栖部队，都接受过潜水、划船和使用小型船只的训练，队员还必须接受额外的训练。英国皇家特种部队的年度游泳考试为40个游泳池长的游泳距离，必须穿着衬衣和裤子游，皮带上还挂着一整瓶子水。这个练习必须在50分钟内完成。

游泳还是伤病康复期内保持健康的极好办法，因为水能支撑身体的重量。所有的健身计划中都必须包括游泳项目，可以作为休息，也可以作为娱乐期。虽然我们可以在游泳上面花很大的力气，但是，如果要打破严格训练中的单调，游泳必须是好玩的。

游泳可锻炼所有的部位，但对心肺的要求比别的练习低一些（建议有哮喘病的人游泳，因为这是极少数不会引发因练习而带来哮喘的运动之一）。因此，为了得到极好的游泳练习方法，我们需要做一些快速的扑动，并且游完相对远的距离。

2　开始

如果你不会游泳，赶紧去游泳池学游泳。除开找合格的游泳教练学习游泳之外，没有更好更快的办法。如果你准备在水里待一阵子，那就要去买一副游泳眼镜。这种眼镜保护你的眼睛不受游泳池里的氯化物的影响，否则，有可能引发严重的眼部不适。两种基本的游泳姿势是蛙泳和爬泳（自由泳）。

2.1 蛙泳

这是在水里游动时最省力的一种方法。每一划尽量长一些，每次运动时都要滑动。在水里的时候尽量面朝下，胳膊和手指都要伸开，手掌向下，食指彼此相碰。头部应该稍稍抬起，眼睛看着水面。

双腿向后伸，两腿动作要同步。胳膊应该在水下约23厘米的地方，并且保持挺直。这使胸部更容易抬起来呼吸。向前滑动，当你的身体失去向前的冲

力时，应该大力用胳膊划一个大圆弧重新获得速度。

双腿划动与放松的时候，张口呼吸，双手做成杯状，朝后划动胳膊。确保这是全程的有力划动，双手一直要划到大腿处。胳膊弯曲进行恢复性划动的时候，双膝应该向外弯曲，随时准备进行下一次踢蹬。爆发性的踢动使双腿挺直并合拢的时候，应该呼气。

蛙泳的动作必须是平滑和优美的。如果感觉不平稳，那就说明胳膊和腿的配合不协调。腿与胳膊的动作之间，身体应该继续在水里滑动。等你稍有信心后，可以

每隔两划呼吸一次，因为这样更省力。

目标定在养成很好的游泳节奏、正确的呼吸和双腿后踢之后的放松以及左右动作之间的同步上。

2.2 爬泳（自由泳）

你必须确定自己喜欢把头转向哪边去呼吸。让头部没入水里，只举起要划动的胳膊到水面以上。用强有力的划桨动作划动，双腿保持挺直状态。伸胳膊向前，之后向后划动，尽量多兜一些水。转过头来呼吸。再将另一胳膊伸出水面。当这只胳膊开始向后划的时候，第一只胳膊又伸到前面去了。转头吸气之后，你应该将头转到前面去，在水下呼气。有些专业游泳运动员在胳膊划动的第二或第三个周期才呼吸一次。

如果游泳者要将所有能量全都用在速度上，那么，这种游泳法的技巧就是最重要的了。背后应该有一个小小的空处，前额应该推开水面，眼睛刚好在水面以下。

腿部的运动是从臀部（而不是从膝部）开始的，是一种强有力的上下运动。双腿应该放松，膝盖处稍微有些弯曲。动作越是灵活和放松，划动的效率就越高。

胳膊交替挥向后面，一只向后划的时候，另一只伸向前方。中线约在眼睛与肩膀的中间，手应该在这个中线靠近自己一侧进入水中。胳膊在肘部稍有弯曲，它压下水，向下并返回，直到拇指碰到大腿。这是一个信号，另一只胳膊此时应该向前开始自己的划动了。肩膀应该在胳膊运动期间保持一致。

爬泳属于快速的划水法，但这种方法需要一些时间学会。胳膊完成一次划动周期，游泳者的双腿必须蹬 6 次。

没有经验的游泳者会发现这种姿势很累人，需要一些时间才能掌握好。如同在蛙泳中一样，胳膊和腿必须一起动作，有确定的节奏，而且保持动作的流畅。

2.3 仰泳

胳膊的划动是从小指先进入水中开始的。之后，胳膊往回拨动，直到手指与大腿相碰。双腿上下摆动，与自由泳相同。

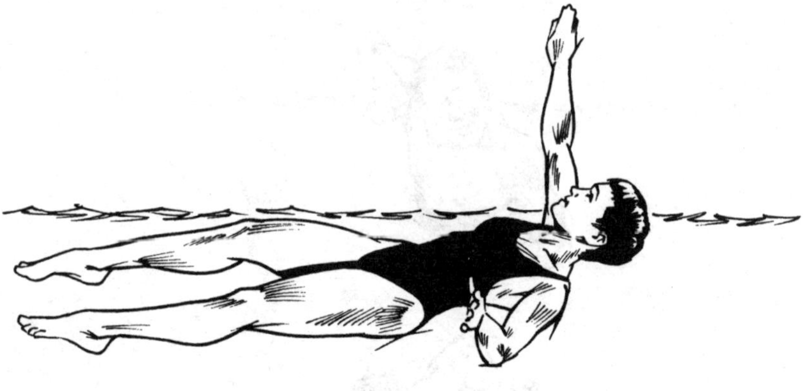

2.4 其他姿势

如果游累了，仰泳是很有用的一种姿势。如果需要休息，或者感觉手脚要抽筋了，翻过身去休息一会儿。在部队里，我们花很长时间仰泳，脚上穿着潜水员的鳍状物。这对腿部是很好的锻炼方法。

其他一些游泳姿势，比如蝶泳和海豚式都是极快的游泳法，但很累人，要求极高的训练强度。这些姿势都不能游很长时间，但对于短距离爆发式游泳是有用的。那是完成一次游泳最好的办法！

3 娱乐游泳

一共30分钟的游泳，其中夹杂蛙泳和爬泳，这是我们这个训练计划中极受欢迎的补充活动。在规定的时间内尽量多游一些距离。

4 定时游泳

尽量以最快速度游完游泳池的单程，并记下所需时间。大多数游泳池的长度为25米，需要40～45秒钟游完。现在，试试下面的方法：

1. 3分钟内游4个长度单位。
2. 休息3分钟。
3. 6分钟内游8个长度单位。
4. 休息6分钟。
5. 12分钟内游16个长度单位。
6. 休息6分钟。

7. 6分钟内游8个长度单位。

8. 休息3分钟。

9. 最后，3分钟内游4个长度单位。

5　耐力游泳

以轻松的节奏游1个小时，根据需要改变游泳的姿势。记录自己游完的距离。下次，想办法把距离增大到3个来回。

6　防淹死法

防淹死法是指活着浮在水面。面朝下浮在水里，胳膊腿全都伸开，使身体如星状。胳膊往下压使头部抬起，呼吸一次。保持住呼入的气，再次放松。你会正好浮在水面下面一点的地方，哪怕穿着厚重的衣服和皮鞋。慢慢呼出嘴里的空气，直到需要再次抬头呼吸，然后用胳膊压水抬头。

用这种方法能够存活多长时间，这取决于水温。水温越低，体温过低就越快发生。盐水的浮力比淡水更大一些，有助于保持浮起，但我们不能喝盐水。消化盐水不仅仅引起恶心和呕吐，而且还会引起危险的脱水现象。

保持浮在水面上

直立浮起，深呼吸。

面部沉入水中，胳膊伸向前方，在齐水面的地方停下来。放松，直到需要再次呼吸。

抬起头部，使之露出水面，踩水、呼气，之后再吸气。

用这种姿势游泳的时候，常见的错误是起伏太频繁。这是胳膊伸得太远造成的。反过来，这有一部分又是因为腿部动作不力造成的，因此，胳膊只好在水里快速拨动身体前进。好的姿势，加上变化，上好的平衡和协调能力是非常重要的。有效的腿部和胳膊划动都是在水下完成的。如果脚露出水面，也许是膝盖弯曲太厉害的原因，或者腿部的动作太浅了。

7　热流量减少姿势

热流量减少姿势（H.E.L.P.）是指你在水中蜷起身体尽量保持体温。体温过低，或体温损失低于临界点，无疑是英国很多人淹死的主要原因。要保持热流量减少姿势，救生衣或其他助浮物是必不可少的。

求救姿势

热流量减少姿势（抱着助浮物）。
尽量蜷起身体。

双膝尽量靠近上肢。
使身体动作保持在绝对最低水平以防止能量散失。

第七章

骑 车

骑车是一项很好的练习，也是可以与跑步交替的一项练习。如果跑步加重了膝部老伤，那就尝试一下骑车。在自行车上，你可以走更远的路，因此肯定可以看到更多风景。骑车唯一的不利之处是有出交通事故的危险。不幸的是，骑车人自己的良好感觉和技术不足以保护自己，因为他的安全经常取决于其他使用公路的人。另外，汽车与自行车之间的碰撞是一件单方可以决定的事情，不管到底是谁的错。因此，如果你觉得骑车适合自己，一定要格外注意安全。

1 骑车

除开繁忙的交通以外，湿路和多风的天气也是骑车人的大敌，有可能造成伤害，或者破坏你的训练计划的天气不要骑车。

骑车需要有相当大一笔额外费用。如果你计划把骑车列入自己的训练计划，那你需要一部质量很好的赛车。不要用山地车。虽然骑山地车在崎岖不平的乡村路上很好玩，但是，无法避免的摔跤会导致严重的损伤，使你的训练计划拖后。

2 衣服

坚实的安全头盔是骑车人必须有的。每年都有很多骑车人因为头部损伤而死亡或严重伤残。如果要骑车经过交通繁忙的地区，最好戴上骑车口罩。这些口罩是用氯丁二烯橡胶制作的，里面装有炭芯过滤器。用力骑车的时候，口罩并不会阻挡呼吸，但可以防止喉头发炎，还可以过滤车辆排出的很多有害气体。太阳镜可挡住飞过来的小石子和夏天飞过来的许多昆虫。

骑车鞋也很重要。一共有两种骑车鞋：一种骑车鞋跟踏板扣在一起（下页图1），另一种是通过脚趾扣扣上的（下页图2）。应该花钱买一条骑车短裤。

这种短裤所有合适地方都衬有垫子，可使骑车人避免许多不必要的损伤和疼痛。

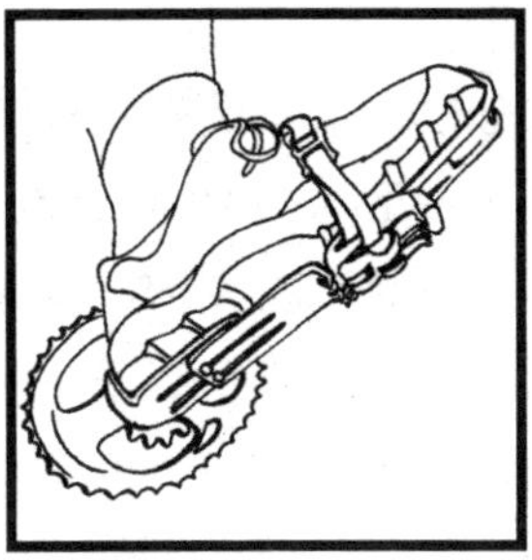

图 1

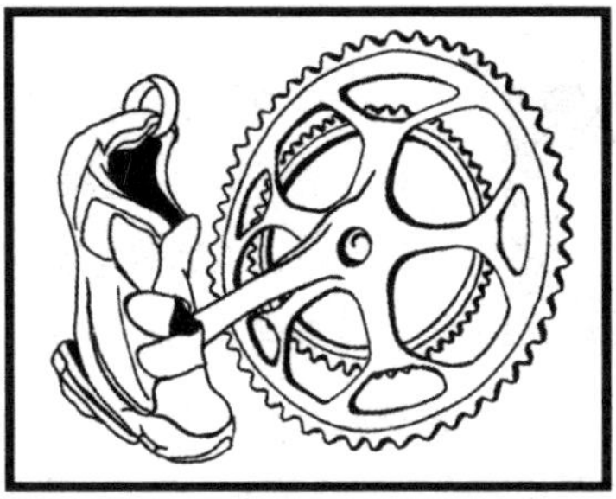

图 2

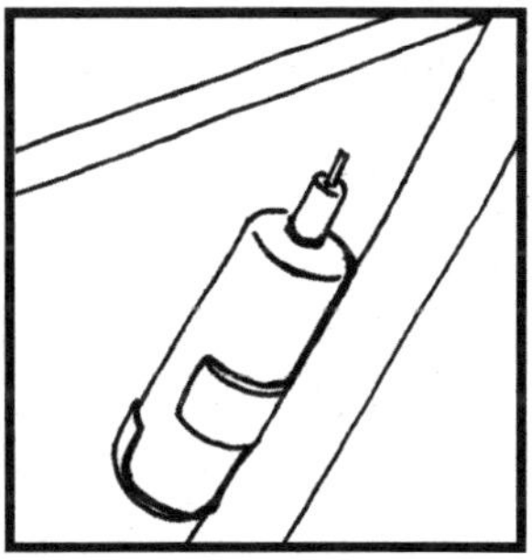

水瓶是远距离骑车人必需的另一样用品。两只 1 升容量的水瓶是个好主意，一只灌满水，另一只灌满等量的饮料。这种饮料能够补充所有损失的能量，同时也不打乱血液中的化学构成。水可以浇在头上，让疲劳的身体恢复过来。

骑车手套是另一种较好的购买品。它们能够减少手掌上因为持续不断的压力而形成的水泡，骑车爬山的时候最容易出现这种情况。

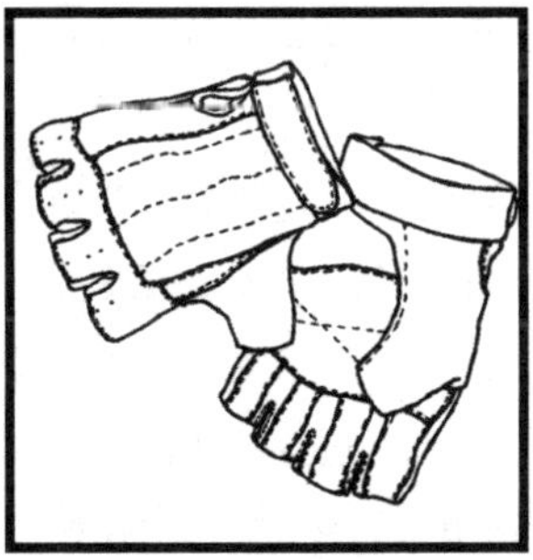

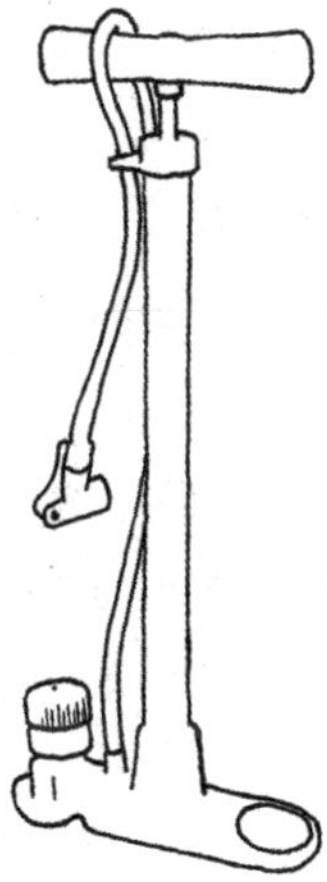

骑车背心也是有用的装备。后背上有很多口袋，可用来装一些必需的东西。谈到骑车装备，一定记得带上一只打气筒，两条备用内胎和补胎用品。

3 额外的设备

全年训练意味着有时候要在晚上骑车。确保弄来一些很亮而且可靠的灯具。这里面包括一只红色的尾灯、反射镜和好的前灯。可以考虑在前面装一盏闪光灯。这些东西都是其他使用公路的人很容易看到的，因此值得额外花钱购买。有反光作用的肩章可以戴在肩膀上，这是另一种安全装置。再怎么强调安全也不算过分。

在大强度的骑车训练期间，并不需要太多衣物。在冷天，穿上长袖的内衣和径赛裤。骑车训练的时候避免穿防水衣，因为哪怕“能呼吸的”织物也会封住某些水珠。应该选择鲜亮的衣服，这样的话，其他使用公路的人老远就能看见。不要穿黑色或暗色的衣服。

要想获得骑车的灵感，只需要看看环法自行车赛就可以了。竞赛者都是极好的自行车运动员，而且都是身体极棒的小伙子。应该向他们学习。

直奔公路。但记得带上修车用具，还有等份饮料以及巧克力和其他高能量点心。

4 骑车小技巧

在不引起不舒服的前提下，尽量调高车座。这会使背部和腿部的压力减轻。虽然骑车主要是用腿，但是，胳膊和背部也必须对付很大的压力，尤其是当爬坡的时候。踩车的时候，脚踝应该尽量低一些，因为这会减少对小腿肌肉的拉力。

上公路骑车的时候应该选择合适的用品，并且保持均匀的节奏。在山上骑车的时候，应该用力保持节奏，这才会取得锻炼效果。下坡的时候可以边骑边休息。

骑车人跟使用其他车辆的人一样拥有一些权利，也要承担一样的义务。离开路边石至少1米的距离，这让你有空间让开停下来的车辆，还有开车门的空间！转弯或超过静止的车辆时，应该看看后面，之后发出正确的信号，这样，你的意图就会被其他使用公路的人明白。

应该密切注意前方路面上的障碍物，小心路坑、碎石或交通事故留下的碎玻璃等物，但永远也不要突然转向。如果遇到路坑或其他某些障碍物，先刹住车，看看身后，然后绕过去。

转向的时候，永远记得看看后面，之后再转。交通繁忙的路段，应该努力跟上车流，但是，跟在较慢的车辆内侧时要小心。在交叉路口，应该注意前方的车流。在湿滑的路面上，应该带上一点刹车，确保随时可以紧急刹车。避开白线和车道标记，因为路湿的时候，那些地方很容易滑倒。

一定要花时间熟悉当地的公路和自己的车闸。臀部是骑车时受损最大的部位，因此一开始也容易产生不适。骑车技术改进以后，这个问题也会慢慢消失，你会学会如何较少将重量落在车座上。车挡尽量放在低位，这可以保证双腿总在克服最大阻力。爬坡的时候换上高挡，尽量长时间保持在车座上。在很陡的坡上，你也许希望利用全部的身体重量，因而站在踏板上，但是，现代自行车的挡位有很多，因此不必要这么做。

注意看车座调得多高。应该照这个样子做，把车座调得尽量高些，但不要到不舒服的程度。这样做可以减轻背部和腿部的拉力。

如果条件不好，天气太湿或者风太大，你可以重新安排骑车的计划。天气太差会使骑车的乐趣消失，而且只会增加危险。疾风和阵风是最大的危险，它们可以将你吹到公路下面去。在湿地上刹车也很危险。两边的刹车要一起用。

5　训练

第一阶段：骑 10 分钟，让双腿肌肉热身，之后骑 16 公里，并记下时间。应该在 40 分钟左右骑完。骑车回家的时候应该开始冷身。

第二阶段：骑 32 公里，如果速度较快，应该在 85 分钟内骑完。选择有很多小山的路线，车辆尽量少一些。

第三阶段：这是 80 公里的一段路程，其中包括一些山坡。保持较平均的速度，目的是要在约 4 小时内完成。经常喝些水，需要的时候吃些小吃。喝水或者吃东西的时候，应该选择一条长而直的平坦公路，一边骑一边吃。

6 自行车保养

骑车的话，并不是练习一完，工作就完了。自行车仍然需要保养，并且必须保持在良好的可使用状态下。清洗并干燥车辆。所有轴承、链条和钢线部分都要上油润滑。检查并调节车闸，必要的时候要更换闸线。看看车轮的轴承部分是不是好的，轮胎是否充到了足够的气压。特别要注意换挡部分，确保里面没有碎石。将自行车存放在安全的地方。

7 一些便利提示

尽量就近训练，这样的话，如果有麻烦，你可以找人帮忙。跑较远的路时，应该有一个偶发事故应对计划。骑车人能够携带的额外设备很少，因此，如果遇上坏天气，你会处在毫无办法的处境下。应该带上电话。

8 受伤

臀部发炎是非常难受的一件事情。感染的部位应该洗干净，擦干，之后多上一些氧化锌和蓖麻油软膏。但是，最常见的还是双膝发炎。膝部受伤可能因为骑姿不正确而加剧。应该试着采用不同的车座位置。如果正在养膝部伤，应该将自行车调到较高的挡位。

砾石引起的皮疹是最常见的，这主要是摔跤引起的。擦破的部位用较淡的消毒液洗干净，之后将碎渣子清洗干净。任其干燥，然后让它自己好，不要包扎。

第八章

自 卫

英国皇家特种部队称自卫为“近身肉搏”。对别的人来说，自卫是无武装的战斗或各种武术的精华。不管你称它为什么，本章都要提供一整套的技能，供无武装的普通人用来应对各式各样的生理攻击。

1 自卫

自卫是一项基本的技能，是所有精英军人培训项目的一部分。它能唤起人的自信，但要求不断地练习。在技术水平上，你永远都不能够自满。这里解释的技术必须练到成为本能的程度。表演一项专门技能时，速度、技术和动作的优美完全取决于实践和不断重复。并没有魔术般的“死锁”，也没有所谓的两指功夫令攻击者束手无策。但是，的确有任何人都可以轻松学会的大量优秀的自卫技巧，秘密就在于练习和不断地练习。

最好的自卫形式是不触犯别人，而且“看不见”，同时保持一股凛然正气和身体姿态，让可能的攻击者觉得你不是可以轻易攻击的对象。许多紧张情形都可以轻易化解，只需要自己走开就行了。走开是需要勇气和信心的。你不能打倒全世界所有的白痴暴徒，也不能把自己的生命投入战场而同时希望能够过上安稳的生活。尽管这么说，总还是有例外的情形，也就是说，你会面对根本没有逃避或撤退机会的情形。

武术提供给人的，远远不止生理上的自卫手段，经过大量训练之后，武术可让人建立自信，自我约束力和针对生活的全新态度。

2 行动与法律

日本一位著名的空手道大师曾坐下来为他的弟子写下一串规则，是以这么一句话开始的：“空手道不得先动手。”今天，在世界大多数文明的国家，这条格言已经写进了法律。无武装的搏斗和武术都被看作是有致死力量的武器。无武装的搏斗应该用作没有办法的最后办法。武力必须有“合理的理由”。法律允许人们做出合理的反应，以防自己受到进一步伤害。如果你先出手，那就可以被解释为以致命武器侵犯别人。假如你采取的不是自卫行动，那你必须证明你受到了严重的伤害或者面临更糟糕的情形。

如果你发现自己处在符合上述标准的情形当中，不要威胁你的攻击者。应该以爆发力量采取行动。接下来的动作应该越快越好，越激烈越好，越有效越好。徒手搏斗和武术中应用的许多技术都是一些简单的阻挡动作，帮助你反击或抵消攻击者的首先打击。你必须要自信，认为自己一定能够做到这一点。这样的自信只能来自于经常不断地重复性自卫训练。

3 人体的靶位区

这些靶位区是我们准备攻击的部位，称为主要目标。不久之后，我们将学习如何保护这些部位。我们的主要目标，是拳击运动员或武术体育运动中禁止击打的部位。针对这些部位发动的有效攻击可立即使对手无法动弹，或者使其产生剧烈的疼痛。

眼睛：眼睛是容易攻击的目标。从我们这边看去，眼睛只是很软的两个装满体液的软组织袋，装在两只漏斗一样狭窄的骨头窝里。眼睛并不需要很大的力气去攻击，手指轻轻一戳就可以达到目的。眼睛受到攻击后，人会本能地朝旁边看，这就使得他暴露在更大的打击范围内。眼睛很敏感，一粒小石子就可以引起很大的不适，甚至有可能使人失去平衡。只需要轻轻击打眼睛，对手就会立即失去战斗力，使你有机会逃避进一步的对抗。

鼻子：按压鼻子基座与上唇之间的那个部位会引起剧烈的疼痛。可用来强迫对手很快松手。

喉头与颈部：喉头与颈部是气管、大血管和神经网络离人体外表最浅的部位。当然，这些地方也很容易受到攻击。快速击打颈部与喉头可使对方失去抵抗力，甚至有可能使对方丧命。

太阳神经丛：太阳神经丛是很大的一片柔软目标，可以利用各种击打方法击打这个地方。练好腹部肌肉对于防止太阳神经丛被击打是绝对重要的。

阴部：阴部和性器都是两性最敏感的部位。攻击阴部可使攻击者失去战斗力。猛力打击或踢蹬睾丸可产生致命效果。

人体还有其他许多敏感部位，但那都是些很少也很难打击的部位。

3.1 人体攻击部位

人体主要有五大容易攻击的部位，是自卫时必须要了解的目标：

眼睛。眼睛极其敏感，稍加打击便会使对手就范。

鼻子。鼻子下部和上唇之间的地方可用力按压。

喉头与颈部。这些部位极容易受到攻击。

太阳神经丛（胃部）。这是很大而较软的一个目标。

阴部。阴部与性器是两性最敏感的部位。

膝盖。膝关节相当脆弱，很容易破碎或断裂。

3.2 防守位

为有利战斗，我们必须站好位，使我们能够利用自己最大的速度和力量，同时能够防范对手的攻击。与目标站成直角，将自己习惯的腿伸向前面，但距离不得超过46厘米，膝盖稍弯曲。双臂端起来放在前胸，肘部轻夹两肋，手指伸开。伸出的手与伸出的脚应该在同一边，而且比另一只手略高。

与目标站成直角。

习惯的脚伸向前面，两脚距离不得超过46厘米，膝盖稍弯曲。

双胳膊放在前胸上部，肘部轻夹两肋，手指伸直。向前的手与向前的脚应该在同一边，而且比另一只手的位置略高。

自卫的时候，身体动作不能失去防守位。向前移动的时候，前腿先动，后面的腿跟进。向后移动的时候，后腿先动，前腿跟进。双腿之间的距离始终应该保持不变。

4　移动

做动作时，不要忘记防守位。向前移动时，前腿先动，后腿跟进。移动时应该平稳连贯，动作优美，双腿呈直线前进。向后退的时候，后腿先退，前腿跟进。双腿之间的距离不要超出 46 厘米。

4.1 练习

学习不同技巧时，应该有伙伴一起练。一个攻击，另一个防守。永远只是“点到为止”，手或脚只挨到目标就行，或者就在挨到目标前停住。身体不断地移动，记住将胳膊抬起，用前面的手和胳膊挡住对方的攻击，保护好头部与颈部。后面的手和胳膊保护身体下部。下颌应该低下来保护喉头。前面的膝盖向里弯曲，防止对方踢蹬或打击阴部。身体的重心保持为低，而且应该在人体的中线上。重量应该均匀地分布在两条腿上。保持身体的轻快步伐，移动时应该以双脚的拇指球用力。避开对方的正面攻击，宽泛的空打可冲向里面。对方打击的时候不要低头，也不要后仰躲过，如果时机把握不当，身体可能会承受全部击打力量。

4.2　抵挡

与拳击练习对手练习直拳击打。如果他用左手击打你的前额，可以用自己的右胳膊抵挡或挡开。如果是用右手攻击的，可以利用自己的左手或左胳膊抵挡。挡开与抵挡之间的差别很简单。抵挡是用强力反击对手的击打。好的抵挡可使对方的手腕或胳膊受伤。对照而言，挡开是借对手自己的力量使其手腕运动的方向发生偏转。

武术中使用的很多技法，都是简单但非常有效的抵挡组成的，这样的抵挡可反击或抵挡住对手最有力的击打。

横抡过来的击打在挡开以后，会使对手身体失去平衡，从而暴露出他的后背和身体攻击的一侧。

还有其他一些办法来对付横抡过来的击打。可以让拳击练习的对手横抡拳头击打你。攻击进行途中，应该向前和侧面跨步，使自己进入对方击打的一侧。你可以从他的击打中逃开，也可以利用自己的前臂挡开他的胳膊。

防守位很快就会成为第二本能。大多数使用右手的人都是左脚左手向前，右手与右腿略弯放在后面，准备发动猛力击打。请记住，如果你还是新手，动作应该慢一些。攻击的一方主要不是追求速度，而是要掌握技法，同时让对方有机会练习良好的抵挡技术。

4.3 指击

站好防守位以后，练习一下伸出前手，两指叉开准备攻击对方的眼睛。在这个技法中，速度才是重要的，而不是力量。难于防范的是快速的技法。放松身体。肌肉太紧会使动作太慢，而且不协调。

将重量移到前脚上，身体前倾，所有手指都打开，准备袭击其双眼。不要做出传统的两指打击手势，因为这会使对方警觉。这个简单的打击很难防范，因此，你会明白让陌生人保持在你的身体空间范围以外的重要性。

4.4 手掌变刀

手掌打开后，其边缘是很好的武器，对于攻击对方的颈部和阴部是非常有效的。

如果被对手从背后抓住，用手掌的边缘向后猛地击打对手的阴部，会迫使对方松手，并重新考虑其意图。

4.5 手掌击打

如果有人让你用最大力气击打砖墙，那你一定会退缩，而且会缩着手轻打，否则你就是傻瓜了。但如果有人要求你用打开的手掌去击打同一面墙，也许你会用较大的力气和力量去击打。我们开始的时候全都是以手掌打开的姿势来练习的。这显示出缺少攻击力量。

手掌保持打开，并举得很高以保护自己的身体，这使对手产生错误的安全感。这种错误的安全感可确保攻击者留下使你易于快速反击的机会。手掌打击是指手指全打开，但手腕要弯下来，使手掌与手腕呈 90° 角。用胳膊和肩膀的力量击打攻击者的下颌，同时，臀部快速地随之转动。

扭动是从腰部开始的，击打动作是在最后一刻才释放出来的，此时，它的背后有全身所有的重量。开始移动至攻击以前不要收回手掌，因为这会把你的意图传递给对手。应该与拳击练习的对手一同练习这个动作。但记住，只能用点到为止的方法。这种控制力是成熟的徒手搏斗者的象征。

另外，应该打一些垫子或袋子来练习速度和力量。可以请拳击练习的对手将沙袋举到齐肩的高度进行练习。

现在，沙袋的基座为你提供一些齐头部高的目标。用快速有力的打击重复打击5次。后手总是发出最有力的打击，因为它可以通过转动臀部执行动作。从防守位开始，当你很快进入攻击位的时候，攻击的那一侧的肩膀和臀部应该向后弯曲，使重量落在后腿上。之后，肩膀和臀部伸展开，手向前移，以手掌发出有力的打击。

前手和后手都要进行打击练习。两种办法都重复5次，打击速度要快。前手的打击力量略小一些，但其速度和突发性要大一些。

记住：各次打击之间，身体一定要回到防守位。两只手高举并打开，快速缩短与训练袋之间的距离。应该以恳请的音调对攻击者说："不，请不要逃走。"

这个柔道动作说明臀部转动在腿部的猛力袭击中的有效性（具体方法说明见后）。

在自卫或徒手搏击训练中，习惯于搬动其他人或扛起整个身体是有用的。与伙伴一起练习这种“救生员扛人”动作。

4.6 挡住击打

抵挡动作是抗击刺拳与使用蛮力的横抡拳最有效的办法。

如果攻击者或者一起练习拳击的伙伴以左手攻击，应该利用自己的右胳膊抵挡或反击其击打。

当然，如果他用右手击打，则应该用左手抵挡其进攻。

4.7 踢打

不要以脚的拇指球发出正面踢打动作。这很容易让对手看出来并加以抵挡。踢打时应该先转身，弯曲准备踢打的腿部，之后以脚侧踢打。踢打的时候应该转动臀部，可以借助这种踢打动作进行踢打的部位包括胫骨、大腿或太阳神经丛。

为了进行真正有力的攻击：
转向一侧，弯曲腿部。
使劲踢腿，实施打击。
一边转动臀部，一边用脚侧接触敌方身体。
主要击打部位是胫骨、膝盖、大腿或太阳神经丛。

4.8 肘部打击

全身的重量和力量都集中在肘部这个较小的部位，利用这个部位的打击，其效果是惊人的。肘部打击速度很快，它综合了打击力度和打击的突发因素。

胳膊高举起来，手指打开，以恳请的姿态面对对手。手的位置保持高一些，很快地移动前臂的肘部，朝对手下颌的侧面进行打击。

扭动肩部和臀部，以最大力气开始打击。朝目标跨步可产生更大力量。应该与练习伙伴一起用沙袋练习。训练的时候，前面的胳膊先动，因为用这种方法的话，前胳膊能够产生更大力量。朝沙袋跨出一步，转动臀部和肩膀，突然之间发出打击动作。你的拳击训练伙伴一定能够告诉你这个方法到底有多大力量。应该以正确的姿势进行打击，一般可以使其后退。用两只胳膊重复5次。

4.9 头部撞击

这是攻击行为，不推荐在自卫中使用。为了避免成为头部撞击的受害者，防守位可确保自己离开对手有一臂远的距离。

4.10 膝盖打击

用膝盖朝对手阴部实施打击，可使对手立即失去战斗力。站好防守位以后，双手高举并打开，将重心移到前腿上，并沉下去，之后将后腿膝部突入对手阴部。之后，你可以抓住对手用前腿膝盖再次实施快速打击。利用这个打击还可以袭击的部位包括太阳神经丛以及大腿外侧。打击对手大腿可使对手的腿部失去作用。用很短促和急速的打击袭击其大腿，之后后退。此时，后膝又有转动腰臀部准备实施更有力打击的益处。

5 组合击打

我们已经学习了一些基本的技能，现在可以学习如何组合利用这些击打方法。单独的技能如同语言中的文字。组合告诉你如何用简单的句子讲话。跟平常一样，我们还是先从防守位开始，左脚向前（对于使用右手的人来说）。左撇子应该先迈右脚。用左手手指直接进行眼部攻击。第一个攻击动作起“距离修正打击”的作用，并使你与对手之间的距离缩短。总应该从眼部着手，因为如果你错过了，可以使对手转移注意力。因为是从左腿和左肩向前的位置开始的，用右掌进行合适的打击就随时可以进行了。

转动臀部，用手掌劈打敌人的下颌。这个动作应该会使你整个身体转向左边，左手攻击自动“投入应用”（图a）。放松臀部，用左肘打击敌人的下颌或鼻子（图b）。另外，用右膝快速击打其阴部（图c），完成这个组合动作。认真练习，使这四重打击合节拍。每一次打击都会使身体弯曲，从而为下一个动作做好准备。动作应该一气呵成，中间不能有思考时间。用双腿调节自己与目标之间的距离。腿部攻击应该是最为有效的。应该“击穿”靶子，瞄准的地方比靶位稍低一点，或者在其后面，因此而产生最大力度。我保证，这一组合可使最强的攻击者失去作战能力，哪怕小个子的女士用起来也是一样。秘密在于多多练习，使组合打击圆熟完善。

图a

图b

图c

6 英国皇家特种部队风格的培训

英国皇家特种部队风格是5秒钟结束战斗。如果打斗的时间超过5秒，那就说不好谁胜谁负了。在5秒钟之内进行有效打击，需要进行几个月的训练。应该学会所有技巧，而且要找一个伙伴一起练。不要着急，一开始可以慢一些。应该认真想一想自己的站位和如何把握时机。跟伙伴一起练习的时候，攻击的一方和防守的一方要交替进行，而且应该养成为对方提出建设性批评意见的习惯。不停地重复是养成速度快的唯一办法。应该尽快完成5次重复的单独技法与组合技法。

记住：身体的平衡与重心从一条腿向另一腿快速移动是速度快的秘密。

6.1 呼吸

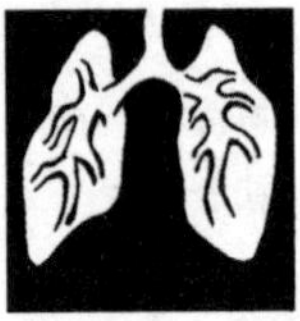

正确的呼吸法在自卫和武术中都是相当重要的。接下来的练习有助于大家养成正确的呼吸节奏。

身心放松，双脚距离齐肩宽站立，双手放在臀部，身体略向前倾。挺胸，集中精力注意肚脐上方约2.5厘米处。用鼻子吸气，数到5。憋气，数到5。用力从口腔呼出气体，数到5。这种潮汐式的呼吸，经证明有助于克服焦虑，并使心思集中。每次训练完毕后都应该进行这样的呼吸练习。

实施击打的时候，呼吸也是很重要的。当击打落到靶子上的时候，应该猛力呼出肺中气体。同时，收紧腹部肌肉，这有助于保护太阳神经丛部位，免受敌方反击。

6.2 特别练习

为练习手部的速度与力量，可将左手或右手在自己跟前打开。数10秒，尽快不停地开合手指。数到10的时候，尽最大力气握拳，保持10秒。这个练习一共重复100次。你的双手和双臂一定很快就会感到酸痛，但速度和力量都会提高。

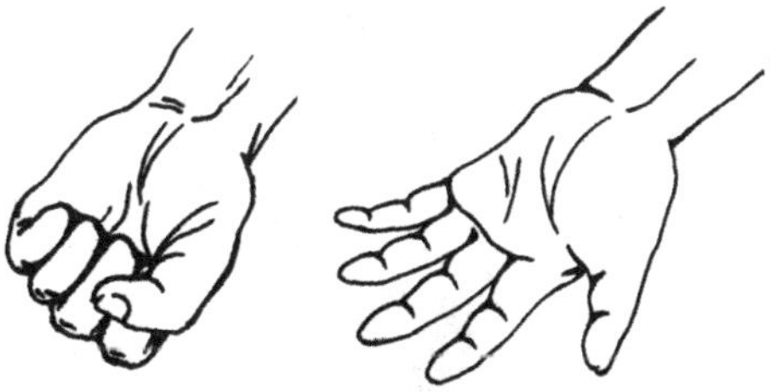

这个练习之后，放松双手和双胳膊，不停地抖动，以利放松。

最好的武术练习方法是进行轮训，中间夹以举重练习。这也有利于培养力量和速度。

6.3 徒手搏击之一

① 热身

② 伸展练习

③ 健身计划三。健身计划各套之间，进行来回跑练习，3根线之间的距离约为15米。跑到第一根线的末尾处，实施10次手指打击。跑到第二条线上，进行10次手掌打击。跑到第三条线的末尾处，实施10次肘部击打。跑到第一条线的末尾处，实施10次膝关节攻击。

利用3分钟的恢复期做几次深呼吸。做3套这种练习。

6.4 徒手搏击之二

利用这个练习方法进行耐力与协调能力的训练。跳跃3分钟。击打速度练习球3分钟。沙袋练习3分钟。

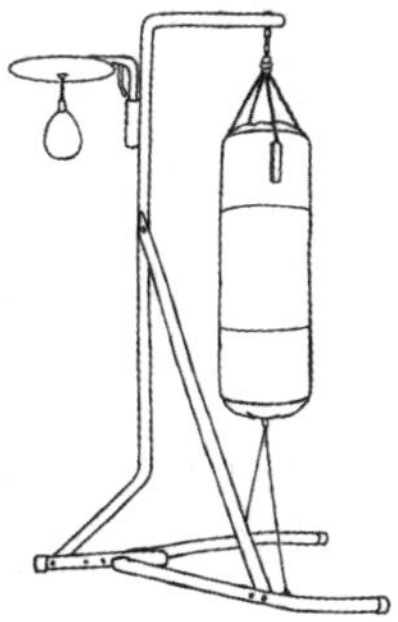

跳跃是极好的练习法，需要有身体的协调。坚持这种练习法，因为它值得付出努力。找一根

粗绳子，前脚撑着地跳跃。练习好了以后，可以加速，时不时做一个两次跳和交叉。

速度练习球需要很长时间才能掌握。除开耐力以外，它还要求有把握时机的能力和很好的眼、手协调能力。开始的时候轻轻打击球袋，第二或第三弹的时候再打。只有熟练才能完善。

3 分钟结实的打击会释放你所有压抑的挫折感。让一同练习拳击的伙伴抓住球袋，自己朝上打击。练习组合击打法。先练左直拳，之后练右勾拳。围着球袋转动 3 分钟。做 3 套练习，其中有 3 分钟时间恢复。这种练习需要极大的耐力，但这是造就冠军的标准练法，也是使英国皇家特种部队方法与众不同的原因。

进行这些练习的时候，跟另一个练习伙伴制订一个练习方案是个好主意。你能够跟长短处与自己不一样的人一起练习，而这个人又是你非常熟悉的。选择个子稍高一点的伙伴，最好体重也大一些、经验更丰富一些。

7　瑜伽功与灵活性

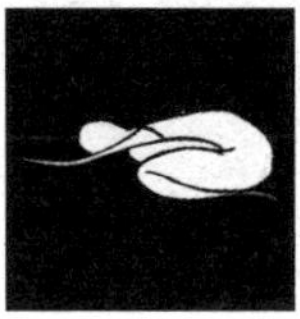

瑜伽课程也许是练习整体灵活性的最好方法之一。要保持住几乎不可能做到的瑜伽姿势，肌肉实际上是松弛的，而肌腱是拉紧的。跟生活中其他的一切一样，瑜伽功要求做艰苦的练习，但是，灵活性上升之后，瑜伽功做起来也很容易。

8　自律

英国皇家特种部队的纪律就是自律。没有人告诉你非得刮胡子、洗衣服或者剪头发。这些事情都是你自己应该去做的。你得为自己着想。自律是所有纪律中最严格的一种，看上去是很多人都难以做到的。很多人习惯于别人组织自己，告诉他做什么，哪些是必须做的，哪些是不能够做的事情。应该努力克服自己的弱点和缺点。自律是获得这个成就的第一步。有了自律精神，控制自己的技法和脾气就是水到渠成的事情。

第九章

身体损伤

因为要进行艰苦的训练，所以，学会区别不同类别的身体损伤是重要的。有些损伤稍加休息就可以自愈，有些却需要治疗。

皇家空军特种部队训练计划经常会使人的耐力到达极限，因此，学会辨别和处理一些急性医疗问题是很重要的，比如体温过低、体温过高和虚脱。当然，引发这些症状的风险也会随着降低。我们只会逐渐地通过练习达到这些生理和心理极限。

不注意极度疲劳的“危险信号”，事故和损伤就会发生。任何身体健康的男女都可以完成本书所列练习，但是，你必须根据自己的情况掌握节奏。跑步、举重和耐力锻炼都要有自己的个人标准。

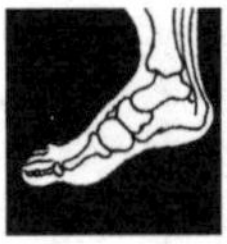

1　脚与腿

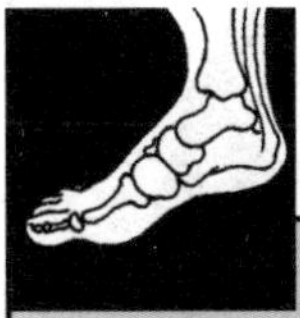

在这个练习计划中，我们的脚和腿都会承受很大的压力，因此，检查常见身体损伤的时候，先从下肢开始比较适当。

首先，我们来看看运动医学家给职业跑步运动员提的建议：

□ 全面的热身练习和购买好的运动鞋可避免大部分脚伤。

□ 好的体育用品店会测量客户双脚的长度与宽度，确保他们能够买到合脚的跑步鞋。

□ 鞋底应该有弹性，鞋跟应该有垫子。

□ 跑步鞋应该非常合脚，鞋跟外形设计应该防止脚踝两侧移动。

□ 鞋顶端与大拇指之间应该有约 1 厘米的间隔，鞋子里面不得有太粗糙的东西。

1.1 踝骨扭伤

在日常生活和体育活动中，这都是最常见的一类损伤。据估计，每天有约 5000 人因为脚踝扭伤而去看医生或急救科。所谓脚踝扭伤，是指脚踝侧向剧烈歪动拉扯或撕裂了连接小腿骨头与足上部骨头之间的一根或多根韧带。踝骨经常会发肿或疼痛，受伤的部位有时候还会出现青紫。医生需要检查脚踝，以确定损伤的程度。也许要求做 X 光检查，并对关节和肌腱进行特别检查，以排除骨折和更严重的并发症。大多数情况下，这样的损伤很快会好，治疗主要是针对止痛和消肿。如果是年轻人，抗感染药物就有可能让他几天之内恢复行走。

对照而言，严重的韧带损伤或关节损伤就要求在小腿上打石膏，并进行康复练习。在这种情况下，涉及小腿与足部的进一步训练就需要暂停多达 10 个星期或更长时间。

1.2 警察脚

这是跑步者常见的毛病，尤其是长跑运动员。在老年人中，这是更为常见的一种病。警察脚最主要的症状是足根剧烈的刺痛，起床以后或脚上有重物时症状更严重。休息看来可以治疗这种病，但是，长跑之后，疼痛又会出现。其生理解释是，分布在足根骨头到脚趾之间的足底肌肉及韧带受了伤，经常是因为小腿上太紧的肌肉使脚踝无法完全伸展。

应该去看医生。医生也许建议物理疗法或每隔一天做些练习，使腓肠肌和跟腱得到拉伸。在间歇期内，很大部分疼痛可通过吃消炎药或用索波丁鞋垫减轻。在许多情况下，这种情况是可以避免的。平时让小腿肌肉得到练习，并在热身阶段进行拉伸。

如果症状持续不退，应该注射类固醇药物，或者在脚下进行局部麻醉，一般就可以治好。

1.3 应力骨折

应力骨折一般发生在髂骨或跟骨。脚踝会发肿，走起路来很疼痛。虽然很容易用X光检查出来，但是，治疗的办法却是各个不同。有些医生建议用冰水泡脚消肿，之后进行锻炼使脚踝活动开。消肿之后，建议病人尽量多走路，忍住疼痛，能走多远就走多远。

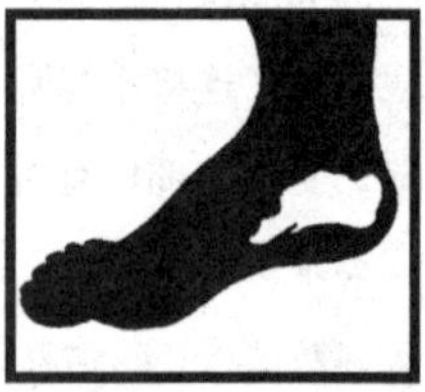

有些轻微的应力骨折，是我们在硬路面上跑步的时候用力太大造成的。当然，我们可以通过选择合适的跑步鞋，加上很厚的垫子来减少这种相当疼痛的骨折风险。还应该避免在硬路面上跑步。

这种症状最严重的一种是着地不成功的跳伞运动员，但是，也有可能是从高处跳下硬的路面时，足跟着地造成的。在这些情况下，髂骨有可能完全破裂，需要3至6个月的时间才能完全康复。要避免这种情况，可以看看跳伞运动员得到的建议：

- □ 跳下之前，准备好双膝与双脚一起着地。
- □ 双膝应该弯曲，自己应该只看得见脚趾。
- □ 双脚应该是横向的，便于以足部全部的面积来吸收着陆时的冲击力。

☐ 跳下地的时候，很大一部分冲击力还会被弯曲的双腿吸收。

☐ 跳伞滚动的时候也会吸收一部分冲击力：双膝并拢，肘部夹紧身体，膝盖朝向一侧。落地的时候，身体滚动，吸引后背感受到的冲击力，不过，此时的冲击力已经小了很多。

1.4 关节或脚弓腱发炎

这种情况是因为足部肌腱、韧带和关节在高强度的训练期间承受了额外应力。

只有在跑步时、当受影响的部位拉伸或伸展时才发生疼痛。一般的损伤吃一些消炎药就可以治好。

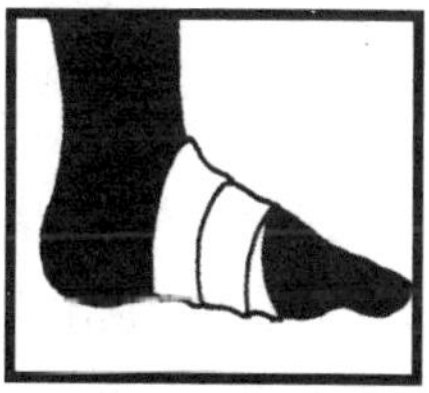

如果情况严重，足部应该打上绷带以防止受伤的组织或关节进一步移动。这一类的大部分损伤很快都会自愈。

1.5 长跑脚

长跑运动员的脚指甲下长“血泡”是常见的。不幸的是，脚指甲下的软组织出血经常会产生极疼的肿胀。治疗的办法不仅仅是鼓励一下就可以的，也许应该去看医生。

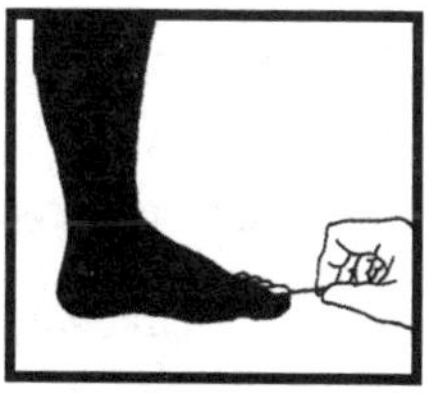

当时的治疗办法是用消毒针刺破指甲下的血泡。从长期来说，应该购买合脚的鞋子。

1.6 脚泡

医生一般认为脚泡是新鞋或鞋子不合脚造成的。但是，脚打泡也是远距离行走和长跑不可避免的一种后果。

立即的治疗办法是用消毒针刺破脚泡，用干燥的纱布包好，并用胶带固定。脚泡是鞋子里侧摩擦脚造成的。短期来说，防止的办法是用婴儿油或凡士林润滑双脚，并且穿上两双袜子——这些办法有助于足部在鞋子内部以最少摩擦移动。

从长期来说，因连续运动造成的摩擦会在足底或两侧形成很硬的皮层。没有办法加速这个起茧过程。用比如甲基化物等的药水来泡脚可形成角状的薄层，但很快就会刮破。

1.7 跟腱炎

这是踢足球、打排球或网球、短跑、中长跑和长跑运动员，甚至芭蕾舞者常有的毛病。

一般来说，只有跟腱旁边的外套会发炎，但是，有些更严重的毛病是跟腱本身也发炎的。这是很痛的一种病。

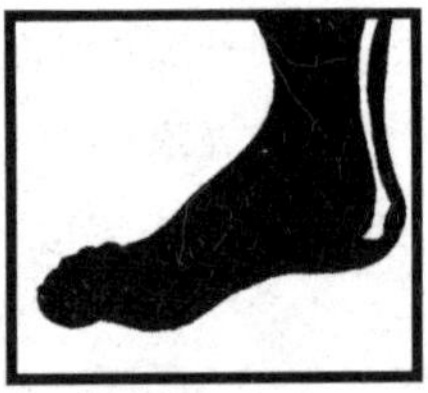

发炎的人先是感觉练习期间小脚后部有轻微的疼痛，这种疼痛消失之后，也许还会在训练之后出现更严重的疼痛。到了早晨，发炎的人体会感到僵硬和疼痛，白天又慢慢消失。

跟腱炎是穿高帮作战靴的士兵经常有的毛病，发起炎来很疼痛。使跟腱缩短的鞋子也会引起这种情况。这种毛病也与高强度的上坡运动、太硬的训练用鞋以及在硬路面上练习有关。有些人的腿筋或腓肠肌异常紧，因此很容易患跟腱炎。简单的治疗办法是口服抗炎药，并用冰水浸泡。

医学检查一般想辨别其原因，方法是检查腿部肌肉，同时观察病人的步态——不正常的步态经常是病人在训练期间所穿的鞋子不当造成的，而且非常明显。有些不幸的病人也许需要做外科手术。病人的正常训练计划必须在整个检查和治疗期间停下来，转而进行骑车和游泳练习。

有跟腱炎的人当中，只有一半的人能够完全恢复正常的训练。其他人能够进行不那么高强度的训练，也许还会因为疼痛反复发作而停止。极少数人再不能恢复体育训练，甚至再不能进行体育比赛了。

1.8 跟腱断裂

在健康的跟腱中，这种情况极为罕见。在某些人身上，离足底最近的那部分跟腱没有足够丰富的血管，并且开始变质。极弱的组织因为无法承受的应力或小腿肌肉突然收缩而破损断裂。

也许，人们并不奇怪，这种损伤一般与像羽毛球、壁球等的体育活动以及武术等有关。跟腱状况恶化时，人们会听到咔咔的响声，或者说有人在身后踢蹬自己的脚跟。一般来说很少有疼痛，走起路来也没有困难，得这种病的人一般觉得自己只是体会到较不严重的损伤。两个小时后，当脚跟以上的小腿肿胀与青紫严重起来，有这个问题的人才会意识到问题的存在。

如果病人想完全恢复正式的活动，那就必须进行紧急医学处理。诊断越早越好，治疗起来会更容易。头48个小时内发现问题的话，这种情况是有可能进行治疗的，可以立即用石膏打绑腿（固定8个星期）。别的病人必须要进行外科修复，之后用石膏固定6个星期。

2　双肩与上肢

2.1 肩膀脱臼

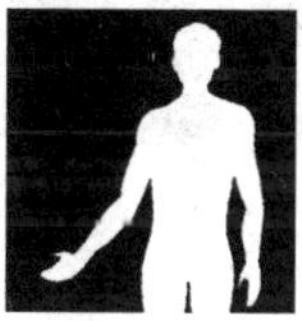

这属于后部错位。另一类错位是前部错位，但很少在体育损伤中看见，不过，肘部有重物下落也有可能造成这种情况。

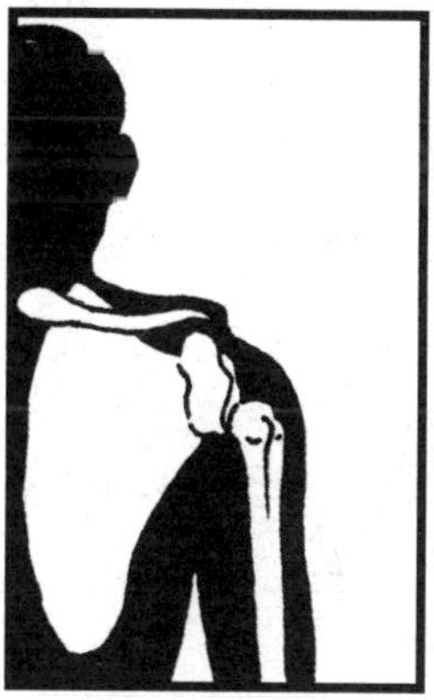

胳膊的上部分骨头（肱上膊）与肩关节错位，经常是因为胳膊伸得太长而落下错成。

肩膀错位很容易诊断。病人发现，疼痛最小的部位是支撑受伤的胳膊横过其胸部的部位。肩膀正常的弯曲不能够进行，三角肌下也许会出现明显的空处。在全麻醉状态下，肱上膊可拉出来，并转回复位。之后，用吊带支撑住胳膊，吊带防止肩关节转动或者进一步偏位，至少要吊 2 ~ 3 个星期。到了第三个星期，应该鼓励病人进行不断加大力度的练习，以增强关节的灵活性。但是，完全恢复到正常训练水平也许要等两三个月之后。

2.2 肩腱炎

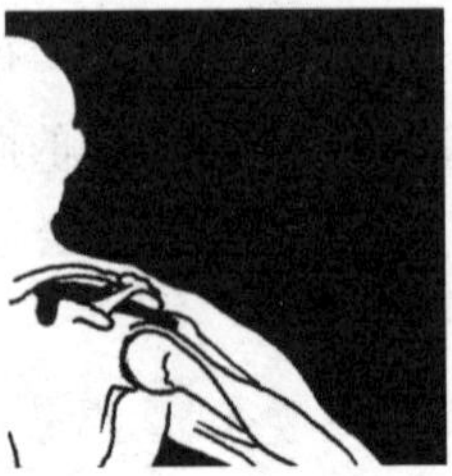

这种情况也许就是肩部肌腱发炎所致，一般是高强度训练期间的运动引起的。

一开始，肩腱炎也许会产生强烈的剧痛，活动时情况更严重。

如果不加以治疗，肩腱炎也许会发展成为钙质沉积以至动作受阻。肩腱炎对注射抗炎药物反应不错，比如皮质类固醇，疼得厉害的话，还可以用局部麻醉止痛。治疗过程中，也许还可以用吊带帮助病人恢复。在康复期间，建议进行等长练习和非固定重物等练习。这些练习能强化受感染的肌肉与肌腱。

2.3 肩膀冻伤

肩膀冻伤会引起很严重的疼痛，半夜更严重。

人们对这种症状的理解很少是正确的。

治疗性的练习和注射类固醇药物在治疗中起一些作用，但是，最重要的因素是时间，因为尽管症状也许会持续一年或更长时间。但是，这种状态是有自我限制作用的，肩膀最终会康复。

2.4 三头肌腱炎

这个症状也是与肘部相关的肌肉与肌腱过度运动引起的。

肘部伸展或转动时会引起严重的疼痛。

一般建议病人休息，同时，抗炎药物和轻度练习有助于使肘部恢复正常。

2.5 肘部发炎

这是尺侧腕伸肌的作用点，在腕部伸展中是最重要的一部分。

这个症状最典型的特征是肘部突出部分骨节里侧（肱骨外侧上髁）酸疼。

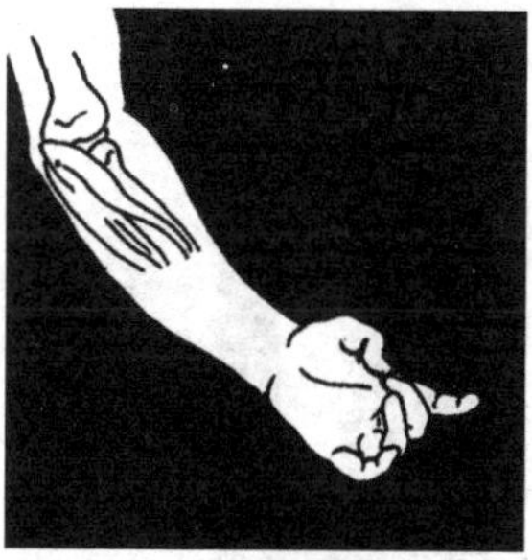

手腕连续伸展，比如在球拍类运动中，也许会导致与肱骨相连的肌肉与肌腱发炎。肘部发炎用休息、类固醇注射和局部麻醉比较有效，可以改善肘部的酸痛症状。

2.6 高尔夫球手炎

这是肘部外层突出部分或内上髁部位的韧带受力过度引起的。打高尔夫球或举重（尤其是快抓举重）时，手腕伸展会发生扯动。

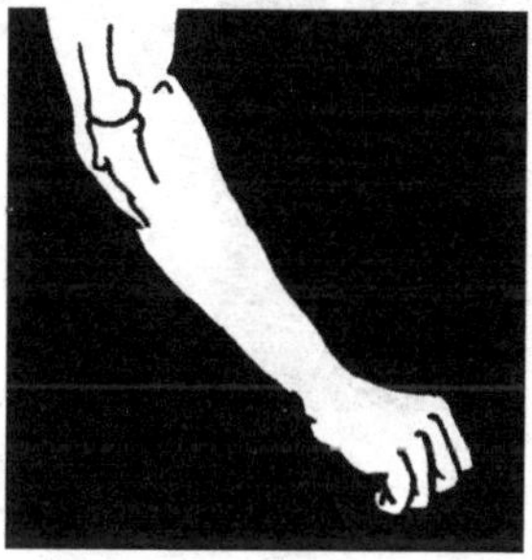

疼痛发生在内上髁部，但对休息或抗炎药反应不错。如果病情严重。局部注射麻醉药也可以控制住疼痛。

2.7 手、腕部摩擦引起的腱鞘炎

这也是手腕部在体育活动或练习时用力过大引起的。疼痛位于腕部后背与大拇指上，是腕部伸肌腱的鞘部发炎引起的。

感染的手通常要上7～10天的夹板，以减少感染的鞘部肌腱的移动。上夹板后，再吃几天的消炎药通常可以治好此症。

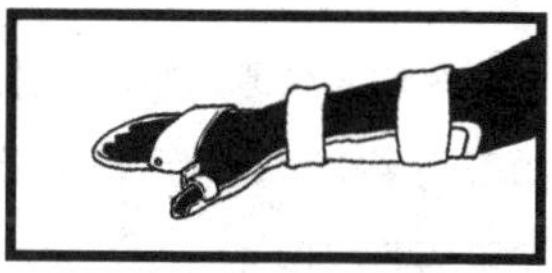

3 紧急状况

在大部分体育赛事与体育活动中，严重受伤与失去意识的风险，一般都是少见和极不平常的。但是，在武术和“风险活动”项目中，比如跳伞、攀岩、山区行走与独木舟等项目中，这样的风险就很高了。发生严重事故后，稍有医疗常识的人立即加以看护的话，对后来的结果是有很大意义的。只需要记住最简单的基本知识（ABC法）就可以实施这样的救护。但是，首先，救援者应该做如下几件极重要的事情：

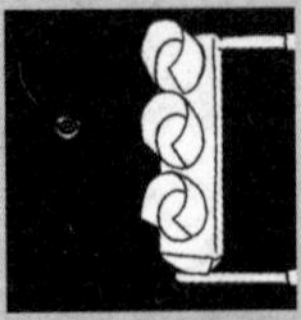

□ 检查一下，看看通往受伤者的道路是否安全。如果不安全，采取必要措施确保自己可以安全抵达受伤者的身边。

□ 求援的时候，确保有别的某人跟求援服务机构取得联系。你只能够提供最初的救护。

□ 让第三个人简短记录事故发生的时间与发生的过程。这些笔记对医院的救护人员是非常有用的资料。否则，他们只能依靠自己的想象力。到达受伤者身边后，确定其意识水平。

伤者是否清醒，有否明显的呼吸？

呼喊伤者时是否有反应？

是否有痛感？

伤者是否完全没有反应？

4　救援 ABC

A 代表气道。如果伤者没有反应，或者只有部分反应，检查一下气道是否通畅。拨开伤者嘴巴，用两根手指看看口腔或喉头里有没有如血液、呕吐物和断裂的牙齿等障碍物（图 a）。

B 代表呼吸。将脸贴近伤者躯干，看看胸部是否有起伏。将手指放在伤者口鼻附近，试试有没有呼吸。听听有没有呼吸声或障碍物卡住的声音（图 b）。

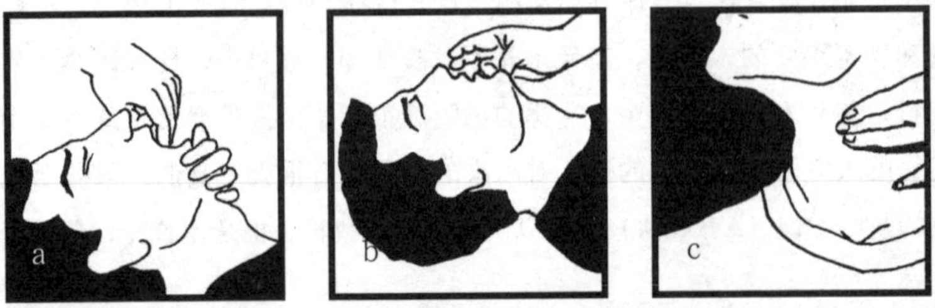

C 代表循环。摸摸伤者颈部侧面的颈动脉，确认其心跳仍然存在。如果伤者没有呼吸，或者心脏停止跳动，必须立即进行心肺复苏救护（CPR）。这里不是讲解如何进行心肺救护的地方，这是相当实用的一门技术，但情况比较复杂，有淹水时用的，也有脊椎受伤时用的，要看具体情况而定。CPR 技术一般是当地红十字会教练人员讲授的课程，也有可能由当地体育俱乐部或健身房的教练讲授。作为讲解的一部分，大家会了解如何稳定伤者，并使其处在恢复体位（上页图 c）。

5　体温过低

人们一般觉得，体温过低与高山上的严冬有关，岂知这种威胁生命的症状有不同的类型，事实上，在相当炎热的天气里也有可能出现体温过低的情形。体温过低，是指人体的核心体温，即身体里面的体温开始下降，出现危险情形。人体与生命活动相关的所有功能都依靠稳定的核心体温（约 37℃）。体温过低分为三大类。

5.1 快速或“浸入式”体温过低

遇险者的核心体温因为过度寒冷而下降，人落入冷水中就会出现这一类的情形。因为降低体温的是环境，因此，这些人仍然能够产生体温，并且对救护行动有很好的反应。

这种情形在马拉松长跑运动员中常见，皇家空军特种部队选拔过程中至少也出现过一例此类死亡。出现此症状的人能量耗尽，无法维持自身核心体温，哪怕

体温（摄氏度）	症状
37	遇险者的节律开始下降，也许出现跌跌撞撞的情形，还有肌肉痉挛等症状。
35	剧烈发抖，情形恶化后，会停止发抖。
33–32	记忆混乱，健忘。
30	进行性意识丧失。
29	脉搏与呼吸进行性减弱。
27	肌腱与皮肤反射丧失。
24–20	肺积液，心跳停止。

环境温度也许不是那么低。这一类的伤病不难处理。应该采取措施防止其核心体温进一步降低，比如阻挡体温以任何形式进一步流失，因为这些人的身体再不能自行产生温度了。“衰竭型”体温过低可能会因为血液和体液不再进入组织而恶化，因此而使血压和血液循环能力下降。

5.2 慢速体温过低

这种情况一般发生在老年人身上，而且是在事故之后。因为活动能力下降，他们的能量水平和他们的核心体温也许在几个星期内大幅下降，从而进入慢速体温过低状态。这种形式的体温过低有多种多样的迹象与症状，也根据各人具体的条件有所变化。

体温过低的治疗有可能会很复杂，最好要听听有资格的第一救助人员或医生的意见，因为病人有可能在再次升温的过程中死亡。与体温过低发生之前和之后的情形相关的因素是各种各样的，大部分情形都有危及生命的意义。在这里，我们提出一般性的建议：

☐ 如果病菌处在体温过低的第一阶段，而且有意识，有反应，那就可以喝些热的甜饮料（图a）。

☐ 让伤者自发恢复是挽救其生命而又对其身体损害最小的方法。病人恢复以后，应该用隔热材料将其包好，“太空毯”或聚乙烯袋子都可以。如果外面的衣服是湿的，应该快速换上干衣服。可以让救援者之一与其睡在一只睡袋里，这样可以提供额外的热量。应该将伤者以及同伴放在帐篷或塑料袋子以内，以防受到风霜的进一步侵袭。但愿这些办法能够阻止身体热量进一步散失，使病人的病情稳定下来，直到紧急救援人员到达（图b）。

☐ 伤者的处理永远都应该排在最前面！如果“救护队”的规模足够大，应该派一个人去找救助机构来帮忙。否则，就应该等待救援机构到达。永远不要将伤者一个人扔在那里（图c）。

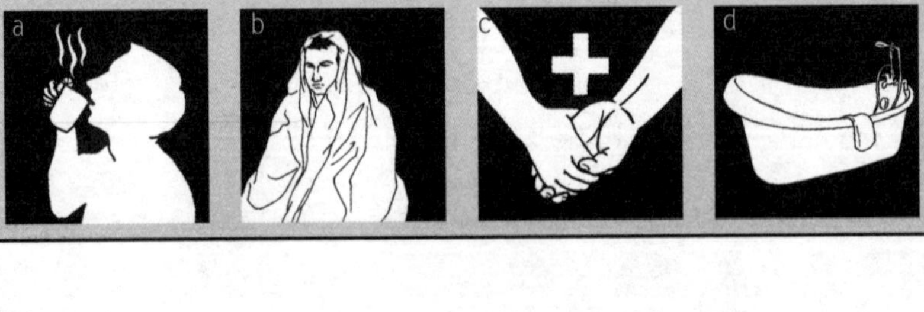

□ 如果能够把伤者抬到有人居住的地方，有些教材建议让病人洗温水浴。除非接受过处理体温过低病人的培训，否则不要这么做。在再次升温期间，病人有可能出现循环阻断和停止，假如只有极少的血液来传递体表接受的热量的话。极低的温度也有可能引起烧伤（上页图 d）。

6　体温过高

因过热而虚脱以及体温过高，都与在炎热的天气里进行过量活动有关，马拉松运动员和长跑运动员以及耐力运动员都会出现这种情况。穿着雨天用的全套衣服或救生服进行身体活动，在冷天里也有可能引起体温过高。核心体温超过 37℃就会出现体温过高。马拉松运动员长跑的时候，产生的热量比休息时多出 13 倍。这意味着每 8 分钟身体的核心体温就会上升 1℃。如果没有发生这样的情况，则说明人体有很好的散热功能。身体条件好的运动员可以抵挡住轻微的体温过高而不出现病症。

如果限制体温进一步上升的机制出现问题，那就会有麻烦了。到了 41 ~ 42.5℃以上，核心体温不需要再上升，病人就有可能在几分钟内死亡。中暑的早期症状很像温度过低时的症状：人体节律变缓，病人会出现站立不稳的情形，有可能出现攻击行为，或者出现易怒的现象，眼睛里面透露出玻璃样痴呆神情。但是，这些也是脱水的病症，而脱水本身也有可能导致中暑，因为没有足够多的体液产生汗液。传统测试是否中暑的办法是摸病人的胸上部，看看是否有干热现象。这个测试办法并不是完美无缺的。如果病人感觉不舒服，或者出现上述的病症，应该进行下述处理：

不要让病人进行更多的练习活动。

适量分段喝水或补充等份体液。

让病人平躺在地上，使其腿部抬高。

用海绵蘸温水擦拭病人身体（冷水会关闭皮肤上的小血管，使散热功能进一步丧失）（如下页图 a）。

听医生的建议。如果伤者突然晕倒，那就需要静脉内体液和特别的医学支持。

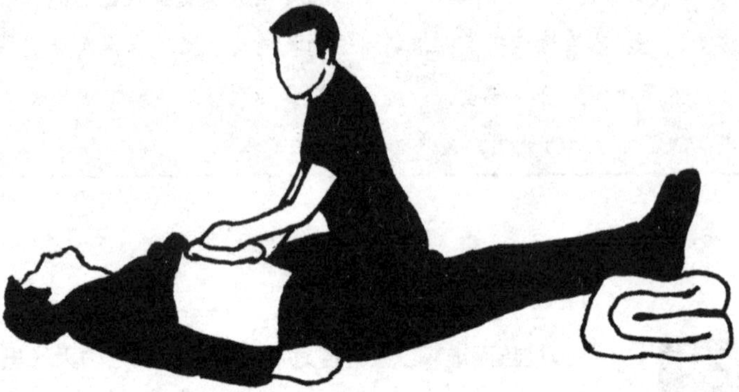

图 a

不管是有没有脱水的中暑，预防都比治疗容易得多。避免中暑的一般原则如下：

进行大活动量练习的时候，应该穿较轻和宽松一点的衣服。哪怕天气很冷而且潮湿，身体产生的热量也会使你感觉温暖。背着背包穿越野外的时候，大多数皇家空军特种部队成员上身都只穿防风的外套。

活动之前和期间都应该喝足够量的水。体液在人出汗的时候会很快挥发掉，而出汗有很强的散热作用。

在炎热的天气里，T恤衫和发带都应该用冷水浸湿。

第十章

完整健身计划

选择适合自己的健身法，合理安排时间，制定一个现实的目标，让自己获得健身成就感。

1 完整健身计划

我们已经了解了不同类型的训练，现在到了做出决定，看看自己到底想取得哪一个层次的成就的时候了。利用本健身计划能够达到的目标是不可限量的，但是，大家必须对自己选择的培训目标有一个现实的目标。如果只是为了让自己的身体适合参加橄榄球比赛，那就没有必要做耐力拉练。

2 评估自己的健康状况

血液从心脏泵出来的时候，沿着动脉延伸的压力波比血流速度高出 10 倍，这就是脉搏。在接近体表的任何一处动脉都可以摸到脉搏。根据脉搏，可以很容易判断你的心脏搏动的速度，人不动的时候呈现的心跳，可以指明总体的心肺健康状态。可以在手腕上（大拇指下沿处）感觉到脉搏，也可以在太阳穴和颈部（在气管的两侧）感觉到。

坐下来，休息 10 分钟。测量自己在 1 分钟内的脉搏次数。记录这个数字以供未来评估。人在休息状态下的脉搏往往会随年龄增大而加快，但是，除开心肺疾病以外，正常的脉搏数与整体的健康状态有关。

脉搏	健康状态
50	极好
70	健康
80	正常
100	不健康

另一项指示心肺功能健康状态的指标，是锻炼之后心脏回复正常水平所需要的恢复时间。我们可以利用踏步法评估这个指标。

站在健身房的长凳前。

记录自己休息状态下的脉搏。

拿出秒表，踏上长凳，

再回到地面。

以正常节奏继续这个练习 3 分钟。

现在，休息 1 分钟，再测量脉搏。

脉搏	健康状态
70	极好
80	好
90	一般
100	差

年过 40 的人会发现，他们在休息状态下的脉搏稍高一些（比上述脉搏数高出 5 ~ 10 次）。继续测量脉搏，记录下脉搏恢复正常所需要的时间。这个时间间隔在你身体更健康一些之后应该有所缩短。安全的练习方法应该使你的脉搏提高到每分钟约 140 次。

3　选择健身计划

英国皇家特种部队总体的健康水平、进行任何一次练习所希望的时间以及每个星期练习的次数，有助于确定选择哪一种健身计划。我们从最低的“初级计划”开始，以专业化的英国皇家特种部队计划结束。在这两者之间，我们还有很多中级计划与高级计划。

3.1 初级计划

如果太胖，有轻微的伤病，或者总体的健康水平不是很高，应该选择这个计划。

第一周：隔天进行约 40 分钟的练习。

第一天：从公路行走或跑步开始。慢步，直到感觉不舒服为止，之后变为轻快的行走。迈开大步，深呼吸，直到呼吸率恢复较正常的水平。感觉准备得差不多以后，再开始慢跑。选择的路线应该刚刚好让自己完成约 40 分钟的练习。

第二天：这是休息日，但应该进行一些伸展练习。公路行走和跑步之后，你应该感觉双腿僵硬，稍加伸展练习，有利于让酸痛的肌肉放松。

第三天：完成（前面所述的）健身计划一。不要忘了热身活动，但是，你可以省掉来回跑的那一项。计划一是无氧练习，我们当然不会忘记腹部肌肉的练习！做完所有的伸展练习，目标是要在不给韧带和肌肉造成拉力的情况下增强灵活性。每一种练习都应该重复 5 次。各次重复之间休息一小会儿。做完练习之后不要忘记冷身练习。应该尽自己最大努力做好。每次做练习的时候，都应该注意有没有改善。仅仅是为了洗个热水澡也值得做这个练习。这是生活中最简单的一些快乐，但你得到的与百万富翁并无两样。洗完澡后，慢慢将淋浴的水温减低，直到水变冷为止。这么做的时候，如果是在冬季，健身房外面的冷空气就不会让全身的循环系统感到意外了。回家的路上衣服要穿多一点。

第四天：虽然是休息的日子，但这也是做更多腹肌锻炼的好日子。各做 5 次屈膝起坐练习、提腿练习、起坐练习和头膝碰练习。

第五天：热身活动和伸展练习之后，完成前面描述的新手举重练习计划。按照以下顺序进行肌肉练习：肩膀、胸部、后背、双腿、胳膊和双腿。因为腿部具有全身最大的一些肌肉块，因此我们就进行 2 次腿部练习。先以自己感觉比较顺手的重量开始，使你能够完成全套动作。冷身，洗澡之前先擦干身上的汗。

第六天：休息。

第七天：这是进行娱乐游泳的日子。在 30 分钟内尽量多游一些距离。每次游到尽头的时候，换另外一种姿势游，直到蛙泳和爬泳（自由泳）都得到练习。游泳是极好的放松练习，我们将它放在每周的末尾，供大家恢复体力！

第一周往往是最难的，但不久之后，你会感觉这种训练非常容易做。在接下来的几周里，我们应该增加练习的频率，使我们的健康状态大为改善。

第二周

天次	计划
8	腹肌练习，早晨重复 5 次，训练结束前重复 5 次。
9	计划一。
10	腹肌练习，做 2 套。
11	公路行走及跑步。
12	腹肌练习，增加至重复 10 次，每天练习 2 次。
13	新手举重练习。
14	腹肌练习，一天 2 次。

第三周

天次	计划
15	跑步 40 分钟。
16	腹肌练习，俯卧撑。做腹肌练习的时候，做 5 个正常的俯卧撑，5 个指尖俯卧撑，5 个胳膊伸远做俯卧撑。
17	计划一。
18	腹肌练习及俯卧撑。
19	新手举重练习。
20	腹肌练习及俯卧撑。
21	游泳。

在 3 个星期的练习中，应该努力定时进餐。应该吃有利健康的食物。另外，应该早早上床休息，晚上要睡好。应该将白酒与香烟戒掉。

第四周：我们每天都要进行练习了，并且要把练习的时间增长到 1 个小时。每天早晨进行 10 次腹肌练习。之后完成 10 个俯卧撑以锻炼胳膊上的肌肉。第 22 天跑步，第 23 天完成新手举重训练计划，第 24 天按计划一做，之后，在第 25 ~ 27 天重复这个模式的计划。特别要注意热身练习、伸展练习和冷身练习。到现在，这些练习应该成为第二天性了。第一个月之后，你可以把基本的计划延伸，将游泳和跑更远距离的练习包括在内。可以把健身练习中的重复次数和套数增多，要么增加举重的重量，要么加大重复次数。之后，进入中级的训练计划。

3.2 中级计划

这个计划从每天早晨起床开始。花 3 分钟时间进行呼吸练习。呼吸的时候，注意力要集中在今天要实现的目标上。躺在地板上，将下列练习完成，各重复 10 次，并且按照顺序来做：俯卧撑、头膝碰、指尖俯卧撑、屈膝起坐、胳膊伸远做俯卧撑、手滑、俯卧撑、抬腿、指尖俯卧撑、起坐和胳膊伸远做俯卧撑。

这些练习加上呼吸练习应该在不超过 6 分钟内完成。中级计划是以 60 分钟的练习时间开始的，到第四周加长到每次 90 分钟。

这个训练计划和早起锻炼也许迫使你更改自己的社会生活。但是，应该坚持下去！这个计划实现起来并没有很轻松。开始的时候，应该考虑到在日常的食谱中增加一些复杂的富碳水化合物的食物，比如意大利面条。

第一周		第二周	
天次	计划	天次	计划
1	跑步 5 公里、伸展练习、计划二。	8	定时游泳。今天本应该是休息日，但游泳有利于恢复精力。
2	休息。	9	跑步 5 公里、伸展练习。
3	中级计划中的举重。	10	休息。
4	休息。	11	中级计划中的举重。
5	骑车，第一阶段。伸展练习。计划二——增加重复次数至 10。	12	休息。
6	休息。	13	骑车、伸展练习、计划二。
7	中级计划中的举重。	14	定时游泳。

第三周		第四周	
天次	计划	天次	计划
15	计划二。	22	游泳。
16	休息。	23	跑步、计划二。
17	中级计划中的举重。	24	中级计划中的举重。
18	休息。	25	骑车、计划二。
19	骑车、第一阶段、计划二。	26	中级计划中的举重练习。
20	休息。	27	跑步、计划二。
21	中级计划中的举重。	28	游泳。

完成了本计划中头两个星期的练习之后，你就应该开始体会到锻炼身体的好处了。所有的练习都应该是你所熟悉的，你应该能够从一套练习顺利过渡到另一练习，中间不需要休息。但是，各套练习之间还是应该休息 3 分钟。每次完成整个练习需要的时间长度都应该记录下来。在你个人的最佳纪录越来越短的时候，应该增加每道练习的重复次数，或者加重举重练习中的重块，以此向自己不断发出挑战。

到了第四周，我们就要把每次练习的时间增长到 90 分钟了，而且开始每天都

第一周		第二周	
天次	计划	天次	计划
1	跑步 8 公里、计划三。	8	娱乐游泳。
2	休息。	9	休息、高级举重练习。
3	高级计划中的举重练习。	10	休息。
4	定时游泳。	11	骑车练习，第二阶段。
5	骑车、第二阶段、高级举重练习。	12	休息。
6	休息。	13	高级举重练习。
7	快跑、计划三。	14	跑步 8 公里、计划三。

第三周		第四周	
天次	计划	天次	计划
15	定时游泳。	22	计划三。
16	高级举重练习。	23	跑步 8 公里。
17	休息。	24	高级举重练习。
18	骑车、第二阶段、计划三。	25	骑车，第二阶段。
19	休息。	26	计划三。
20	高级举重练习。	27	高级举重练习。
21	休息。	28	跑步 8 公里。

练习。我们会加大练习的套数，当然，我们也会让举重练习更难做一点。应该按照中级计划继续下去，直到自己感觉差不多可以进入高级计划了。

3.3 高级计划

这是我们的高级计划，实现起来比较费力。我建议所有读者先掌握中级计划。

每天从做呼吸练习、腹部肌肉锻炼和俯卧撑开始。下列的练习，每一道都要重复 5 次：头碰膝、指尖俯卧撑、屈膝起坐、胳膊伸远做俯卧撑、手滑、正常的俯卧撑、抬腿、起坐、指尖俯卧撑，最后再做几次胳膊伸远做的俯卧撑。这是一套练习。总共做 3 套。目标是培养人的耐力。我们休息的日子会少一些，到第三周会达到最大量，必须在不好走的路上完成 40 公里的骑车练习。

所有运动员都是通过大强度练习实现健身计划的，但是，其峰值健身的时机把握才是竞争中分开胜负的关键因素。关键是要确保在竞争发生的那天保持峰值水平，而不是前几天在健身房里很厉害。这个计划旨在让大家在第 18 天到达峰值体验，并且帮助大家掌握如何管理及监控自己的峰值健身水平。

这个计划接下来的部分将要检测我们的恢复期，并增强我们对进一步训练的胃口。到第四周，我们会每天坚持锻炼，而且练习量极大！如果在训练的任何一刻你觉得还有更大的精力可以拿出来，那就应该按照计划三中的要求多重复几次练习，并且做高级举重训练计划中要求的设备练习。虽然这个计划要求很高，但是，你不能让这个计划成为生活的全部。健康水平提高了，你会有更大的精力，并且应该利用这份精力去跟孩子玩，与伙伴多待一些时候，或者进行一项体育活动。关键是要组织好自己的生活，充分利用自己的业余时间，并且真正学会欣赏生活的乐趣。另外，一定要确保，不能因为本计划而变成一个呆板无趣和让人觉得讨厌的人。

如果错过了一个锻炼周期，下次加倍努力。如果受了伤，应该休息去，直到伤病完全康复再继续本计划，并且从落下的地方开始。你的肌肉会开始感觉很发达，自信心也会增强。你一定会为自己取得的成就感到自豪的！

4 分时及双分时练习

举重训练是交错安排的，目标是让肌肉有时间恢复。如果我们把全身的肌肉分成 3 组，每天练习一组，那就有可能每天进行举重训练。见下面表格说明。

分时练习计划	
星期一	肩膀与背部
星期二	腿部
星期三	胳膊与胸部
星期四	双腿
星期五	肩膀与背部
星期六	胳膊与胸部

双分时计划	天次
第一次	第二次
1 肩膀／小腿	背部／腹部
2 胳膊／大腿	胸部／腹部
3 背部／腿部	肩膀／腹部

超级套	
套数	计划
1	较轻的举重，重复 15 次
2	增加 2.2 千克，重复 10 次
3	增加 2.2 千克，重复 8 次
4	增加 2.2 千克，重复 6 次
5	最大量重复 3 次

进入到职业化的英国皇家特种部队训练计划以后，我们就要开始每天做3次练习了。应该有可能利用双分时练习一天做2次举重练习，根据这样的计划，我们在短时间内做大活动量的练习，使密集训练产生最大效果。

随着力量不断增大，我们也许想再进一步，此时，可以尝试称为“超级套数”的一个计划。

5 最大重复量

到了一个星期的末尾，将练习计划中的举重练习的重量减轻一半，只做一套练习，每套重复30次。到了第四个星期的末尾，把重复的次数提高到40次，并且在接下来的那个星期里把重复次数提高到50次。到达这个目标后，再把所有级别的重块增加2.2千克，但重复次数减为30次。在接下来的星期里，每一个练习再增加10次重复。

6 职业的英国皇家特种部队计划

英国皇家特种部队训练计划是严酷的，只有最棒的接受培训者才能戴上沙色的贝雷帽和带翅的剑。“谁胆大谁就赢。”你敢赢吗？你敢接受这个训练计划吗？我们每天训练3次，每天如此。基本原理是要培养耐力但又不牺牲力量和速度。每次练习时间约为一个小时，可以在工作开始之前做，在午餐时做，也可以在晚上做。到了周末，我们花一整天时间在山里练习，星期天还要去游泳。星期天余下的时间是自由活动时间。虽然我们每天做举重练习，但是，我们利用的是一种分时练习计划。

现在是控制你的进展情况并评估自己成就的时候了。训练进展如何？你现在已经锻炼很长时间了，身体应该产生反应了。在耐力跑步期间，为了有所变化，你可以选择不同的跑步线路，也可以隔天在同样的线路上朝相反的方向跑。肌肉酸痛吗？没有任何东西比按摩更能够帮助酸痛不止的肌肉并让全身放松的。一开始应该去找职业的按摩师，但是，你也许应该学会这种技巧，教会同伴，之后请他们帮你做按摩。对于酸痛的肌肉来说，洗热水澡也不失为一个好办法。可以加些香精油。到现在，大家应该明白自己最喜欢的运动项目了。我们总是喜欢自己做得比别人好的项目。应该在你不喜欢的项目上多花一些力气。你会发现有些日子比另外一些日子练起来容易和轻松一些。这就是本套练习设计的目的所在。经过耐力练习之后，我们就进入速度训练期，以避免训练计划太拖拉。

第一至第四周

天次	第一期	第二期	第三期
1	长跑	计划三，另加额外的练习	（分时）高级举重
2	快速跑步	徒手搏击 2	举重——腿部
3	耐力跑步	计划三	举重——背部，胸部
4	长跑	突击课程，3 轮	举重——5 个超级套
5	骑车练习耐力	徒手搏击 2	举重——5 个超级套
6	背包拉练	徒手搏击 2	
7	耐力游泳		
10	长跑	徒手搏击 2	举重——肩膀，双臂
11	耐力跑步	计划三	举重——腿部
12	骑车 24 公里	突击课程，五轮	举重——背部，胸部
13	背包拉练 20 千克	徒手搏击 2	举重——5 个超级套
14	耐力游泳	计划三	举重——重复 40 次
15	长跑		
16	快速跑步		
17	耐力跑步	徒手搏击 2	举重——肩膀，双臂
18	长跑	计划三	举重——腿部
19	骑车练习耐力	突击课程	举重——背部，胸部
20	背包拉练 22 千克	徒手搏击 2	超级套
21	耐力游泳	计划三	举重——重复 50 次
22	快速跑步		
23	骑车 24 公里		
24	耐力跑步	徒手搏击 2	举重——肩部，双臂
25	长跑	计划三	举重——腿部
26	耐力骑车	突击课程	举重——背部、胸部
27	背包拉练 25 千克	徒手搏击 2	超级套
28	耐力游泳	计划三	举重重复 30 次 22.2 千克

第五周：到了第五周，我们把每天的练习次数改为 1 次，同时也准备好了在第六天进行背包拉练。这与英国皇家特种部队的耐力拉练是差不多的。我们在星期六下午 4 点开始这个练习，背 25 千克的背包，夜间旅行，星期天完成本练习。

在星期一，按高级举重计划进行练习。星期二是休息日。星期三是耐力长跑。星期四是休息日，星期五进行骑车耐力练习，之后在星期六进行拉练。星期天再休息。应该把自己在各次跑步和骑车练习中的最好成绩记录下来。在接下来的几个星期里，应该努力按照这个时间要求来进行。

第六周：为了避免无趣，也为了使我们的冒险精神持续不减，应该努力把这一星期的时间用在户外项目上。应该想办法实现终生追求的目标，比如自由降落跳伞、划独木舟或攀岩。你新树立起来的自信心和力量应该可以投入检验了。本周只是做一些轻松的跑步和其他练习。不要做举重练习。这会使你得到休息，让身体有恢复的时间。应该去找一项体育活动，或者开始训练，准备参加本地举行的半程或全程马拉松长跑赛。也可以报名参加划艇赛。

第七周：到了第七周，我们重新开始每天的 3 次艰苦练习。第六周的休息应该鼓励你准备实现新的目标，以获得更好的个人成绩。你的表现总会在休息之后有所转好。这个计划跟第一周的计划差不多，但是，你可以增加重复的次数，还可以把举重训练中的重块加重。应该改善自己的跑步和骑车水平，加大跑步或骑车的距离以保持本计划的挑战性！

第二部分

营 养

人体利用食物制造能量，生长、保持和修复肌肉及其他组织，并替换被消耗或损失掉的重要化学物质。我们一般将“食物”分成五大基本的部分：

1. 蛋白质
2. 脂肪
3. 碳水化合物
4. 维生素
5. 矿物质

第十一章

每日营养需求

人体利用食物制造能量，生长、保持和修复肌肉及其他组织，并替换被消耗或损失掉的重要化学物质。我们一般将“食物”分成五大基本部分：

1. 蛋白质
2. 脂肪
3. 碳水化合物
4. 维生素
5. 矿物质

1 氨基酸与蛋白质

蛋白质是一长串称为氨基酸的化学物质。我们吃肉和富含氮的蔬菜时，蛋白质就在胃和小肠里分解成这些氨基酸。之后，它们进入血液，之后准备好再次合成为人体蛋白。蛋白质可以只是由50多种氨基酸构成，但也有可能由数百种氨基酸构成。

我们的饮食中可以提供25种不同的氨基酸，15种可以从其他氨基酸中合成，这些氨基酸称为非本质型氨基酸。还有10种氨基酸是人体无法合成的，而必须从我们所吃的食物中摄取。

非本质型氨基酸	本质型氨基酸
Proline 脯氨酸	Arginine 精氨酸
Taurine 氨基乙璜酸	Histidine 组氨酸
Carnitine 肉碱	Isoleucine 异亮氨酸
Tyrosine 酪氨酸	Leucine 亮氨酸
Glutamine and Glutamic Acid 谷氨酸盐	Lysine 赖氨酸／谷氨酸
Cysteine and Cystine 半胱氨酸／胱氨酸	Methionine 蛋氨酸
Glycine 甘氨酸	Phenylalanine 苯基丙氨酸
Alanine 丙氨酸	Threonine 苏氨酸
b–Alanineb– 丙氨酸	Tryptophan 色氨酸
Gamma–Aminobutyric Acid 氨基丁酸	Valine 缬氨酸
Asparagine and Aspartic Acid 天冬酰胺酸／天冬氨酸	
Citrulline 瓜氨酸	
Ornithine 鸟氨酸	
Serine 丝氨酸	
Glutathione 谷胱甘肽	

世界卫生组织推荐的每日蛋白质摄取量为每千克体量至少0.8克。这意味着重80千克的人每天需要64克蛋白质。运动员和活动量大的人则需要更多。

英国卫生部推荐，18～34岁年龄组的男子每日每千克体重应该摄取1.2克蛋白质，同年龄组的妇女每日每千克体重应该摄取1克蛋白质。这意味着，80千克重的男子每日需要约 96 克蛋白质。最好的牛排需要 450 克才能提供这么多蛋白质。当然，我们饮食中的蛋白质来源范围广泛得多，远远不止是肉类。蛋白质也可以在鱼类、禽蛋、奶制品和范围广泛的蔬菜中找到，尤其是谷物类和豆类，比如菜豆。

因此，素食的人根本没有摄取每日所需蛋白量的问题，尤其是没有本质型氨基酸摄取问题。严格素食者有一些问题，因此必须更小心地计划自己的食谱。严格素食者的问题在于，从某一种特别的蔬菜里面获取的蛋白质也许缺乏一种或多种本质型氨基酸。但走运的是，并非所有植物都缺乏同样的氨基酸。因此，为了满足每天对本质型氨基酸的需要，严格素食者必须吃大范围的蔬菜、谷物和绿叶植物。一般来说，运动员、体育爱好者和有大运动量的人多吃高蛋白的食物有益。这里面的推理是，这些人毕竟希望长肌肉，而肌肉主要是由蛋白质构成的。但是，医生现在质疑高蛋白的牛排和蛋类食谱。基本的平衡食谱里面已经含有足够多的蛋白质和本质型氨基酸，基本食谱里面不仅仅富含蛋白质，而且还有其他一些基本的成分，比如糖、脂肪、矿物质和维生素。

红色肉类也含有很多饱和脂肪，而饱和脂肪是心脏病的最大成因之一。另外，对于运动员或体育爱好者来说，脂肪是很差的能量来源。

推荐给职业运动员的食谱富含复合糖（碳水化合物）以及足够的蛋白质。高蛋白食物通常含有较少的产生能量的糖。这意味着并没有至关重要的葡萄糖供应（我们肌肉中的复合糖）高强度的培训用能量。另外，过多的蛋白质会被人体排泄掉，而这种排泄过程也需要更多的水分。在培训期间，吃高蛋白质含量的饮食的人也许会严重脱水。

把高蛋白食谱放在一边不说，最新的研究显示，运动员以及从事大运动量工作的人也许可以受益于某些氨基酸营养补充剂。这些补充剂包括本质型和非本质型氨基酸，有甘氨酸、天冬酰胺酸／天冬氨酸、精氨酸、谷氨酸、丝氨酸、氨基乙璜酸、蛋氨酸、缬氨酸、亮氨酸、异亮氨酸和半胱氨酸。

这些氨基酸当中的某些氨基酸会产生其他一些氨基酸。例如蛋氨酸可以转换成半胱氨酸和氨基乙璜酸，氨基乙璜酸在伤口愈合中起很重要的作用。本质型支链氨基酸，比如缬氨酸、亮氨酸与异亮氨酸都有利于在高强度训练后促生肌肉。

半胱氨酸、甘氨酸、精氨酸和谷氨酸盐与血液中的糖分维持有关系。天冬酰胺酸／天冬氨酸可以增强运动员的耐力。医生会为你提出建议，说明应该补充哪些氨基酸以及剂量——有些氨基酸是某些疾病的禁忌品。这些氨基酸补品一般是以粉剂形式提供的，一般是在饭后食用。某些氨基酸制品是在高碳水化合物饮食后使用。

当前，涉及每日蛋白质需求的医学建议可以总结如下：

- □ 高蛋白饮食方法已经过时。
- □ 食谱里面应该包括足够量的蛋白质，来源必须广泛，包括鱼类、禽类、蔬菜类、豆类和绿叶植物。
- □ 亦包含饱和脂肪酸在内的蛋白质来源（红色肉类、香肠和汉堡）应该避免。
- □ 高强度训练期间，吃一些氨基酸补品也许有益。如果你希望找到更多补充品，可以跟自己的医生谈。

2 脂肪与脂肪酸

脂肪是从脂肪酸和丙三醇中组建成的长链分子。两者都来自我们的食物。脂肪在动物和植物中都存在。它们可以是饱和的（红肉中的那些），也可以是不饱和的（植物和鱼类中的那些）。饱和脂肪有很高的熔点，因此在室温下是固态的（例如猪油和牛油）。对照而言，不饱含脂肪有很低的熔点，室温下呈液态（“植物油”、花生油和橄榄油）。

今天，饱和脂肪被认为是“不利健康的”，这些东西使人易中风、得心脏病、糖尿病、结石和某些类型的癌症。但是，对于你购买的所谓“多不饱和制品”应该特别小心。牛油吃了不好，因为里面含有很多饱和脂肪。牛油替代品包含某些多不饱和脂肪，但是，还必须有饱和脂肪才能让人造牛油产生作用，往烤面包片上浇人造牛油并不是成功的营销概念！不幸的是，有些牛油替代品有很高的饱和脂肪含量，因此与牛油本身没有太大差别。购买多不饱和制品时，应该选择声称脂肪含量特别低的那些品种（例如低奶油含量、低牛油含量和低脱脂乳的奶产品），但是，还应该看看其成分中饱和物和多不饱和物的比例。

烧烤物和微波炉食物提供有利健康的油炸替代品，里面有饱和脂肪（猪油或牛油）或多不饱和脂肪（植物油）。制造体脂很容易，但是，要消掉体脂却不太容易！并非立即消耗或者作为葡萄糖而存储起来的大部分来自碳水化合物的过量能源都转换成了脂肪。但是，脂肪并不能够转换成碳水化合物。脂肪是很不错的能量来源，也是进化过程针对长时间存储能量问题的答案。

不幸的是，因为将脂肪转换成能量的过程相当缓慢，也只有在糖被“燃烧”的时候才会发生，就我们的训练计划而言，脂肪只对我们的耐力拉练、耐力骑车训练和马拉松以及超级马拉松长跑来说有点意义。正因为此类的原因，一旦脂肪进入体内，再弄出来就相当困难了。在西方，我们能量中的三成来自各种各样的脂肪，而且大部分都存储在皮下。对照而言，第三世界较瘦的人消耗的食物只有一成不到的脂肪。英国皇家特种部队以及所有认真的运动员都把目标调到这个较低的数字上。在你那方面，这并不需要多大努力，也不需要格外细心挑选的食物，脱脂乳为全脂奶粉所代替，吃人造牛油而不吃天然牛油。白软丁酪用来替代切达干酪，如果硬要吃香肠和汉堡，那就用烧烤的。不吃猪油，而要代之以植物油，鱼类及鸡肉可以替代猪肉和牛肉。请记住，哪怕不饱和脂肪也应该稍微吃一些。就像有本质型的氨基酸一样，也有本质型的多不饱和脂肪酸。这些东西只有在鱼类和植物油中才有。最好的来源是向日葵籽油和红花籽油、鳕鱼肝油、青鱼、鲭鱼和大马哈鱼肉。多不饱和脂肪酸有两大作用。第一，它们对于所有组织和器官的健康状态是必不可少的。其次，它们在人体化合物前列腺素的合成当中起着最重要的作用，而前列腺素又在组织的治疗与修复中起着重要作用。

跟氨基酸一样，有可能为运动员购买脂肪酸补品。导致前列腺素合成的生化过程很长很慢，在有些人身上还特别慢，特别长。因为有这个原因，一些医生建议某些运动员在峰值训练期间补一些氨基丁酸。氨基丁酸的一个商业来源是夜来香油。当前涉及脂肪的医学建议可以总结如下：

来自脂肪中的日常能量不能超过三成。

运动员、特种军人和特别要求保持健康的人，应该把脂肪摄入的指标定在一成以下。这个目标只有依靠特别的意志力和仔细安排的食谱才能实现。

只要有机会，就应该以不饱和脂肪替代饱和脂肪，但也应该留心别做得太过。

本质型多不饱和脂肪酸不能够被人体合成。鱼油、某些类型的鱼肉和植物油里面含有这些东西。

氨基丁酸在峰值训练期间也许是有用的。

3 胆固醇与心脏病

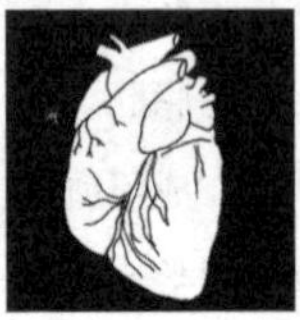

胆固醇摄入量及其在心脏病中所起的作用问题是很复杂的，而且引起众人争议。问题的一部分在于，胆固醇是人体自身产生的，而且在食物减少的情况下，人体往往会产生更多的胆固醇。但是，所有专家都认为，太高的胆固醇会导致心脏病，因为它往往会阻塞动脉，尤其是向心脏本身提供血液的动脉。

胆固醇在肉类和奶制品中多见，尤其是在蛋类中特别高。的确，某些外科医生完全根据病人吃蛋的多少来评判其疾病的严重性。消除肉类、烧烤类食品中的脂肪，避免吃汉堡和香肠，减少奶制品的摄入量，每周吃鸡蛋的数量不要超过 2 枚，这会使胆固醇的水平下降。还有其他一些因素诱发心脏病。当前的医学建议包括：停止抽烟。香烟损害心脏及动脉内壁。

□ 如果血压很高，应该采取措施降血压。应该与医生一起找出食谱和生活方式中引起高血压的因素。如果别的所有办法都不起作用，那就一定要请医生开一些合适的降压药。

□ 想办法使生活方式平衡，不要太压抑。请记住，你的性命就掌握在让你生气的那些人的手中。

□ 进行定期的适度锻炼，每次不要短于 30 分钟。这会使你的心脏慢慢习惯。光是锻炼还不解决问题。如果你不能够纠正食物或生活方式中的致病因素，甚至是定期的马拉松也不能使你免于心脏病和动脉粥样硬化的折磨。

4 复合糖与单糖

复合糖在动物肌肉中含有一些（糖原），块茎植物和谷物（淀粉）有很长的分支链，是通过把多种单糖堆在一处而形成的。复合糖是存储能量直到需要为止的好办法。在人体与动物中，糖原在肌肉中分解产生单糖，它起“生命燃料”的作用。

血液中的葡萄糖水平可以仔细调节，以确保肌肉、大脑和其他器官能不断地接受这种制造能量的糖类的沐浴。单糖，比如葡萄糖，尝起来有甜味，而且能够在水中溶解。水果、果汁和蜂蜜中都含有天然的单糖。单糖与复合糖都是一组彼此类似的化学品的一部分，称为碳水化合物。

单糖有可能是单分子的，比如葡萄糖，这些糖称为单糖，或者是双尾分子，比如果糖，这是称为二糖的一种东西，在香蕉中占主要成分的一种糖。而复合糖都称为多重糖。训练量大的人需要高糖水化合物的食物，而不是高脂肪和高蛋白的食物，这些东西是不利健康的，也是人们不愿意吃的。我们身体中有五成到六成的能量摄入都应该来自糖类。但是，这些糖应该是复合碳水化合物，比如淀粉——而且在某些程度上说应该是来自动物肌肉中的糖原，而不是单糖。

单糖烂牙，短期内大量摄取单糖还会使肝脏受损。单糖可以产生极高的血糖，如果将血糖水平降低，血糖水平会“弹回”至很低水平，导致发抖、头晕和身体衰弱。

单糖的另一个问题是，富含单糖的方便食品，比如巧克力、油炸土豆片、冰淇淋、饼干、蛋糕和爆米花不仅仅富含糖，而且还富含脂肪。因此，方便食品自身都是有缺陷的，因为高碳水化合物的食物是要从糖中而不是从脂肪中摄取能量。

竞争运动者在重要的赛事之前都要“装填”肌肉糖原。久坐的人的肌肉存储糖原的数量有限。高强度练习的 2 ～ 3 个小时之后，糖存储用完了，运动员的身体开始燃烧脂肪酸。因此，练习之后的很短时间内，脂肪代谢会满足运动员的能量要求。如果在这个时候，运动员吃高碳水化合物的食品，几乎所有的可供糖分都进入了肌肉，成为糖原。

医生为职业运动员推荐的饭菜是谷物与少量脱脂奶及罐装水果中的糖浆，用高能量的葡萄糖饮料冲下。这样的饭菜中很少有脂肪，水果糖浆替代了汗液中挥发掉的钾。另请注意，这里的重点是淀粉，而不是单糖。复合糖必须在我们的大肠中分解。因此，它们吸收起来更慢，也不太容易引起血糖水平的大幅度波动。

还有一些复合碳水化合物，比如纤维素，是我们无法消化的。像羊和母牛等的运动只能够利用纤维素作为能量来源，因为它们的胃里面有细菌可以消化这种复合糖。这些难于消化的碳水化合物在人体的食物中也很重要。我们称其为“纤维”。纤维使我们的食物内容更多，并使人们在不用吃太多东西的情况下感觉很饱。另外，纤维还使大肠不停运动，以免一些引起癌症的化学物质在体内形成有害堆积。最后，纤维还吸收水，软化我们的大便，因而防止大肠损伤和痔疮形成，痔疮是因为排便时用力过度而形成的。

水果和植物制品富含纤维，但是，这里也得说一句提醒的话。因为这些难于消化的碳水化合物并不因为我们提供能量，并且在吸收水分的时候往往会使大肠延伸，因此，在峰值训练期间，高纤维食品不能成为食物中的主要成分。换句话说，我们食物中的纤维含量应该根据训练的强度有所变化，也应该根据能量需求而加以调节。

小结

- □ 我们能量的五到六成应该来自糖类。
- □ 比如淀粉等的复合碳水化合物是较好的能量来源，比单糖好得多。
- □ 经过高强度训练以后，吃富含糖的食物可以使肌肉装填很多糖原。
- □ 富含碳水化合物的食物在高强度训练期间有益。
- □ 难于消化的糖类或“纤维”应该形成食物中的重要部分，但在峰值训练期间不行。

5 维生素

维生素是人体所需要的一系列化学物质，但一般在人体中所需含量极少。它们能够起各种各样的作用，但大多数维生素在人体的化学过程中起关键作用。一般相信，食谱平衡的人并不需要额外补充维生素。另外一方面，吃高碳水化合物食品或其他非正常食品的运动员也许要求有定期的维生素补剂。维生素有两类，这取决于其在水中或脂肪中的溶解能力。可在脂肪中溶解的维生素（维生素Ａ，Ｄ，Ｅ和Ｋ）存储在人体脂肪里，当脂肪作为能量分解时，它们就会慢慢释放。对照而言，水解维生素（维生素Ｃ和Ｂ）不能存储在人体，因此必须以每天摄取一点的方式加以补充。

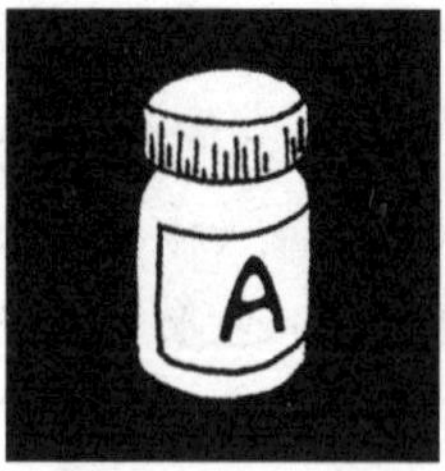

维生素Ａ：维生素Ａ在动物脂肪和鱼油中可见。缺乏维生素Ａ与感染增多、夜盲和身材矮小有关系。维生素Ａ对健康皮肤的保养很重要。它还是能量很大的抗氧化品，也是人体抗自由基机制的组成部分。自由基最近引起了人们更大的注意，因为食品工业已经开始照射其食物以延长其货架寿命。放射会产生自由基。

世界卫生组织关心这个问题，该组织估计，全世界约有三分之一的人口缺乏这种维生素。不过，在西方，吃平衡餐的运动员和从事体育事业的人缺少这种维生素的可能性很小。鳕鱼肝油是很好的来源，不仅仅富含维生素A，而且还包括有本质型多不饱和脂肪酸。但是，这里要提醒一下。太多维生素A会导致严重的肝损害。极地熊的肝脏是富含这种维生素的食物来源，它对某些极地探险者的死亡负有责任。

17世纪在加拿大诱捕野生动物的人，冬季经常被迫靠捕到的动物的肉和下水存活。尽管有很多食物，很多人还是在神秘的环境中死去，现在才明白，维生素过多症是他们死亡的原因。

维生素D：这种维生素在鱼油和奶制品中多见，但如果太阳光线充足的话，也可以在皮下合成。维生素D缺乏症有可能导致被称为佝偻病的一种病症，这种病对生活在阳光很少、衣着厚重的民族中常见。

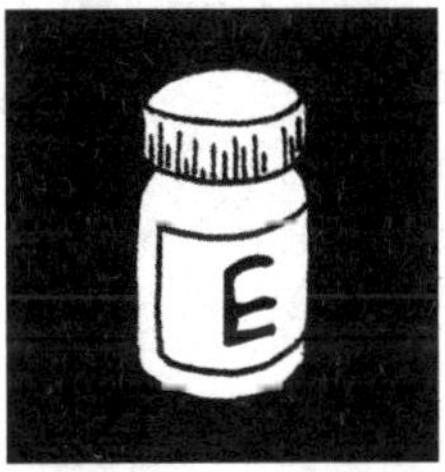

维生素E：缺乏这种维生素也许会影响人到达峰值表现水平的能力。维生素E对于肌肉的修复与保养非常重要，对改善无氧能量总量也很重要，而无氧能量是可以在肌肉中形成的。但是，没有证据表明，增加维生素E的摄取量就能改善总体的表现水平。动物脂肪和奶制品，尤其是禽蛋都是这种维生素的好来源。

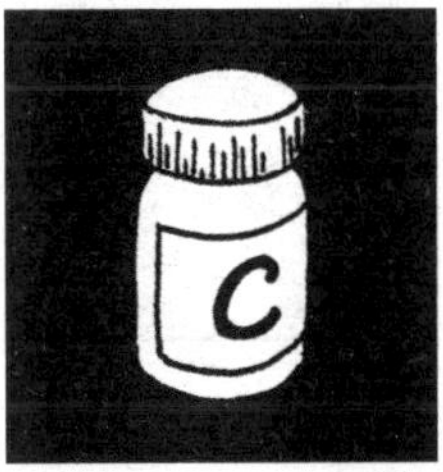

维生素C：据称，维生素C有助人体抗感染，甚至有抗癌作用。但是，专家意见仍然有分歧。这种维生素肯定跟软组织的修复与保养有关系。维生素C为水溶品，每天必须从食物中摄取约60毫克的维生素C。水果和绿色植物都富含这种维生素。

维生素B：维生素B实际上是约12种维生素的集合称呼。比较知名的有硫胺（thiamine），核黄素（riboflavin），烟酸（niacin），泛酸（pantothenic acid），皮多新（pyridoxine），钴胺素（the cobal-amins），叶酸（the folates），生物素（biotin）和纤

维醇（inositol）。这许多物质都涉及糖的代谢，哪怕极微量的缺乏也会对训练产生极大影响。

B族维生素最主要的来源包括：

□ 硫胺（B_1）：麦芽、麦片粥和酵母

□ 核黄素（B_2）：酵母、青豆和豌豆

□ 烟酸（B_3）：许多植物和动物食品中

□ 吡哆素（B_6）：在常见和自然发生的母体的肝脏中合成

□ 叶酸（B_9）：绿叶植物及肉类

□ 钴胺素（B_{12}）：肉类和动物制品

□ 生物素（B_7）：蛋类和奶制品

□ 泛酸（B_5）：许多动物及植物

□ 维生素K：细菌在我们的小肠内合成，也在绿色多叶蔬菜中见到，还有肉类和奶制品中，在凝血机制中起重要作用

当前在维生素摄取上给运动员提供的医学建议总结如下：

□ 维生素缺乏会对训练造成不利影响，但是，大多数平衡食谱已经包含足够量的维生素。

□ 在峰值训练期间，也许会对某些维生素产生增强的需求。

□ 口服避孕药和抽烟会增强人体对B族维生素、维生素C和维生素E的需求。

□ 维生素补品对吃富含碳水化合物食品的人来说有益处。可溶于脂肪的维生素应该在峰值训练之前食用，而水解维生素应该在峰值训练期间每天食用。

□ 大幅度增加维生素的摄取量不会改善表现水平，如果是维生素A，一次吃得太多还会有致命危险。

6　矿物质

人体约有15种微量元素在发挥着重要的作用，而且人体所需要的量也各有不同。在峰值训练期间，有些矿物质会损失掉，因此必须加以补充，要么是用补品，要么是通过饮食。

钠与钾：人体里面有很多钠，但钾会在高强度训练期间损失掉。吃水果或喝果汁可补充钾。

钙：磷酸钙是骨质坚硬的原因。在骨骼中，磷酸钙没有“损失”，但它在不断地周转。在高强度的运动时，磷酸钙的流通量到达更高。钙还在肌肉收缩中发挥着重要作用。不可避免的是，某些钙会从人体消失，需要不断有替代品。主要的替代品的来源有奶制品，比如牛奶和干酪。去脂，也就是说用脱脂奶，并不会减少奶制品中的钙含量。

铜：铜有一系列重要功能，包括保护身体不受各种轻微伤害，而这种伤害在峰值训练期间是常见的。尿液中带走的铜只占很少一部分。但是，出汗却会带走很多铜。比较温和的铜补充剂可以考虑在耐力练习后服用，或者在很热的健身房里练习过后，或者在阳光强烈的户外运动后服用。

铬：铬是糖类化学合成中的重要协同因子。研究显示，运动员在练习之后排出的尿液，所含铬成分比休息时排出的多一倍。

铁：缺铁导致贫血症，哪怕轻微的贫血症也会降低从事有氧练习的潜力。贫血有可能因为血液损失造成，也可能因为食谱含铁太少，小肠吸收铁的能力太缺，或者因为血液合成中其他的一些毛病引起。一般的食谱中都含有足够量的铁元素，但是，在缺少红色肉类和绿色植物的食谱中却有可能缺少铁。经期过长的妇女也有可能是食谱缺铁引起的，尤其如果她们是素食主义者，或者是严格素食者的话。

肝是相当好的铁来源，也是很好的天然补品。补铁食物应该根据医生的意见食用，因为这些东西有可能造成危险。如果怀疑自己有贫血症，或者缺铁毛病的人，都应该先去看医生。

镁：镁与人体的能量生产有着密切的联系。食物中，尤其是绿色植物中含有大量的镁。所有食谱中都应该含有大量的镁。不过，研究显示，血液中镁含量水平会在练习后大幅下降。

硒：硒的含量非常之小，但它是必不可少的元素。硒是

谷胱甘肽过氧化酶的协同因子。这种酶有助于修复大运动量期间出现的组织损伤，也有助于人体抵挡自由基。

锌：锌是100多种酶的重要的协同因子，包括涉及肌肉中的能量生产的那些酶。人体约六成以上的锌都在肌肉里。有些竞争项目的运动员补充一些锌补剂。推荐在峰值训练之前和期间补充锌。

□ 平衡食谱含有大多数矿物质。

□ 从事大运动量和高强度训练的人也许可以从矿物质补品中受益。商店里随处可以找到名牌矿物质补剂，但是，只应该在峰值训练期间服用。

□ 大剂量或定期服用铁补剂，应该先征询医生的意见。

7 液体

液体是训练的良友。马拉松长跑运动员可以随意吃喝，比赛期间，他们会损失8%的体重和13%～14%的体液。大多数水分是通过汗液损失的，从而使其组织中的盐浓度上升。有一个时期，人们认为，温水能防止痉挛，大量液体能更快从胃中排出，从而更容易进入血液。事实上，医生发现，小容量（100～200毫升）的冷饮料，每小时喝4～5次，即能够补充体液，也能够更有效地降低体温，比大剂量喝水或补充温热体液有效得多。

总起来说，定期小剂量喝冷水，或微量补充葡萄糖溶液能迅速补充人体水分，并使脱水的风险降至最低。在练习期间，应该避免喝高糖量的起泡饮料。应该开始喝内容丰富、类似糖浆的一些高能量饮料，训练之后的2～3小时开始喝，此时，水的平衡已经回复正常水平。最重要的是，在峰值训练期间，应该远离酒精，因为酒精切断负责控制水损失的激素供应。酒精还严重扰乱控制血糖的机制。醉酒的两大构成原因，一是脱水，二是血中糖含量太低。

8　七日食谱

如果早餐吃得好，中午只需要吃很少一点点，从而使我们对晚餐产生极好的胃口。训练期间，一天最后的一餐应该早一点吃。晚餐吃得太饱会让人产生鼓胀胀的感觉，不利于晚上睡好觉。

早餐：牛奶麦片粥（脱脂奶或半脱脂奶），用微波炉做的摊鸡蛋，全麦面包做的烤面包片，未经熏制烧烤的腌咸肉，烘豆，西红柿（罐装或烧烤用的），蘑菇（微波炉制作）。

午餐：用新鲜蔬菜做的沙拉。之后吃些水果（可选）。

晚餐：有可能每天晚上吃不同的东西，这也是符合营养学的，有利健康的，而且让口味保持新鲜。我推荐一周只吃 1 ~ 2 次红色肉类。禽类和鱼类都是极好的替代品。兔肉的脂肪含量很少，味道不错，而且还很便宜。

星期一：（去皮）烧鸡

星期二：清蒸鱼

星期三：肉末意大利面条（红肉！）

星期四：肝，稍加烧烤

星期五：炖兔肉

星期六：牛排去肥肉后烧烤

星期天：烤火鸡

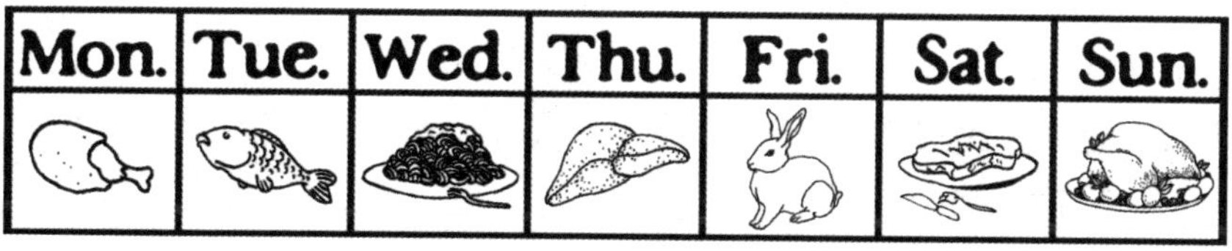

上述这些东西，吃的时候配上尽量多的青菜，但制作的时候尽量不要用牛油或其他油。蔬菜清蒸也不错！把白菜放在微波炉里用它自己的汁液煮也很不错。吃沙拉的话，你还可以在食谱里加很多品种。稍加一点醋和水就能改善口味。不要吃蛋黄酱，也不要吃用油烧出来的调料。

9 健康食品

1. 大蒜：这种奇妙的蔬菜据说有极大的医用价值。据说它有降压作用，包含相当多的水解维生素B和维生素C以及钙、磷和钾。大蒜使饭食味道大增，但不幸的是，吃完大蒜后有口臭。如果吃大量大蒜，产生这种异味的挥发性化学物质会从汗液中排泄出来，从而引起让人惊叹的身体异味！大蒜丸是极好的替代品，可以代替新鲜的大蒜，而且没有味道。

2. 海藻：海藻是干燥和粉化的海带，里面含有范围广泛的矿物质，包括氯化钠，因此，不能吃得太多。海藻也是天然碘的来源，而碘对甲状腺功能至关重要，缺碘地区的人应该多吃。

3. 酵母：酵母是蛋白质和维生素B的极好来源。酵母还富含铁。酵母补品据说可降低胆固醇，而且一般能够刺激人体各系统！

4. 紫花苜蓿：这种青叶豆科植物包含大量本质型氨基酸和维生素。紫花苜蓿是维生素K的好来源，维生素K是凝血机制中的必要协同因子。这种植物的叶子据说能够治疗胃病，并可刺激人的胃口。紫花苜蓿还有片剂供应。

5. 人参：数千年来，中国人一直习惯于利用人参刺激大脑和生理能量。但是，评论者认为，人参的“感觉良好因素”主要是里面的高乙醇含量和兴奋剂麻黄硷。因此，不能吃太多人参！不过，据报道说，血液和循环有毛病的人多吃人参有益，据说人参还有促进维生素和矿物质吸收的作用。人参有胶囊，也有口服液供应。

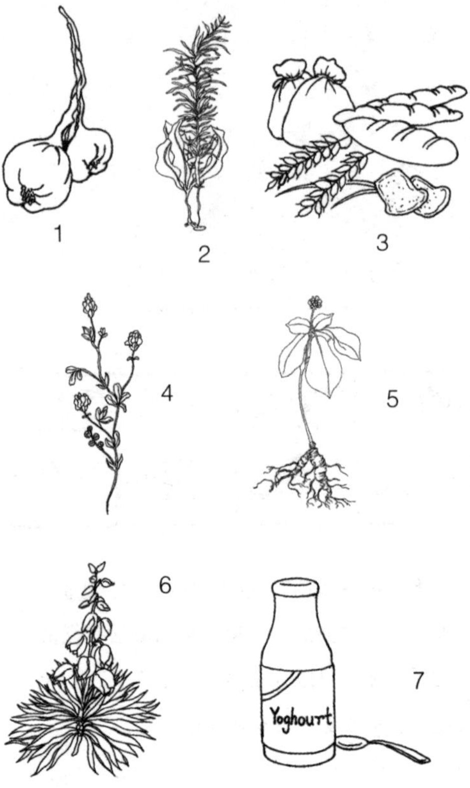

6. 丝兰：美国南部和中美洲的印第安人利用丝兰多汁的叶子捣碎治疗多种疾病。今天，人们广泛认为丝兰具有许多有利健康的性质，有证据表明，里面有抗炎成分，对治疗关节炎有作用。对于生活在美洲以外的人来说，健康食品店和供应商有片剂销售。

7. 酸奶：酸奶是一种奶制品，里面包含有无害细菌的活体培养基。酸奶有广泛的健康成分。有些人，尤其是非洲人，缺乏肠酶，即乳糖分解酵素，而这种酵素是分解乳糖的成分。如果缺乏这种肠酶，乳糖会进入大肠，并通过肠内细菌分解，造成严重的胃胀气与腹泻。这种“乳过敏症”可以克服，方法是事前先喝一杯酸奶，因为酸奶中的细菌会提供肠内缺少的酶。

第十二章

营养食谱

英国皇家特种部队与英国其他部队很不一样。他们经常被派往海外偏远地区，因此必须学会食用各地食物。

在与当地部落一起行动期间，英国皇家特种部队巡逻兵必须更有冒险精神，随时准备品尝当地一些“特种”饭菜，比如一些幼虫、蛇，有时候还要吃猴子。对老一套的部队常规“复合食品”来说，这往往是受人欢迎的一个变化，也是特种部队所发的冻干和轻装野战干粮的替代品。大家可以想象，轻装食品肯定是难吃的单调食物，从而迫使年轻人成为好厨师，学会了如何用一些香料和调味品掩盖住乏味的野战干粮。有一阵子，英国皇家特种部队式的咖喱粉和炖菜成为特种部队的时尚食品。

在赫福德，英国皇家特种部队食品是最好吃的。总有大量饭菜可以选择，而且饭堂属于“自助”餐厅。并没有多少特种作战队员出现体重问题，把很重的饭菜端到餐桌上本身都属于一项体育锻炼！

1 英国皇家特种部队式的餐饮风格

有行动的时候，我们一天只吃一顿。早餐和午餐只是一杯饮料和硬面饼——假如你走运的话！有行动的时候，你总是感觉饿，回到基地以后，你得想办法弥补起来。那种饮食习惯仍然是我生活的一部分。早早起床，先去跑步。空腹跑步是最好的。

早起跑步不仅仅刺激消化系统，它还让人体习惯于依靠自身的能量存储来工作。如果你跟我们一样艰苦工作，那你每天需要约5000卡能量。那需要相当多的食物才能补齐！想当然，有理智地饮食是相当重要的，应该避免富含胆固醇的食物，还应该限制比如蛋糕、甜点和冰淇淋等小吃。我们在赫福德很快就明白了，应该少吃多餐，而不能把所有的能量需求都塞进一餐饭里。

应该养成每七天斋戒一天的习惯。这可以让消化系统得到应该有的休息。在斋戒的日子，喝大量的水。你仍然可以坚持锻炼，但要避免费力的运动，比如不能进行耐力拉练。禁食的时候，我们还会明白，某些理所当然的东西不要也能行。这有利于培养身体，锻炼我们的意志力。每个星期禁食一天是需要有自律精神的，而自律是英国皇家特种部队整体精神的一部分。

禁食之后的一天，应该让自己好好吃一顿，并且找自己最喜欢吃的东西吃。小小的享受让你得到值得盼望的东西，而且有利于打破严格和艰苦的培训生活的单调乏味。

我们首先来看看英国皇家特种部队的饭菜。这些东西肯定不会登上减肥者的菜单。相反，这些食物适合健身者和身体条件好的人，因为他们必须参与大运动量的训练工作，而且要考验自己的耐力极限。

1.1 骑兵粥

骑兵粥是丛林中最受人喜欢的食物。

a. 将麦片加少许水煮熟。
b. 在顶层加上一些炼乳。

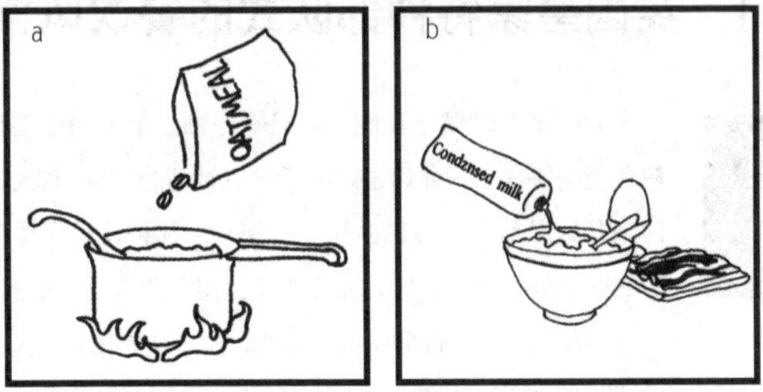

吃完这样一顿粥，你会产生屠龙之力！粥之后再吃一些蛋和咸肉——但不是完全的伦敦烧烤肉！

1.2 胖仔早餐

胖仔早餐从咸肉和蛋开始。

a. 切掉咸肉上的肥肉，因为这一部分应该拿去烧烤而不是用锅炒。
b. 摊鸡蛋，也可以煮鸡蛋。

c. 加一些西红柿、烘豆、蘑菇和腰花。

d. 准备两片整片烤面包，用来蘸汁。

e. 一杯果汁可以冲下所有这些东西。

1.3 NAAFI（海陆空军小吃部）茶点

在赫福德，每天上午 10 点都有 NAAFI 茶点。这是极受欢迎的一次小吃活动，多年来我都改不了这个习惯。当时主要是吃烤面包和喝茶。事实上，我觉得一天最好的饮料就是一大杯加了一大匙炼乳的奶茶。但是，请记住，茶里面含有利尿剂，每次只能喝一杯。考虑到每天需要 5000 卡热量，你可以用包子替代烤面包。包子里面的东西可以是金枪鱼、蛋、大马哈鱼，也可以是火腿，总之花样可以很多（图 a）。下午一点吃午餐，一般是一碗汤，一些沙拉或三明治（图 b）。

1.4 甲连沙拉

a. 将莴苣切成细长条，加上切成丁的胡萝卜、洋葱、胡椒粉、西红柿、干酪、坚果或你喜欢的其他任何蔬菜。

b. 加上金枪鱼或火腿，能吃多少就吃多少。

1.5 乙连汤

a. 土豆切成丁，加水少许。

b. 加入切成丁的蕉青甘蓝、花菜、洋葱、胡萝卜、韭菜、小胡瓜、蘑菇、青豆、大豆和小扁豆（必不可少的）。

c. 用文火炖，直到蔬菜变软。

1.6 登陆部队杂烩汤

用你喜欢的任何一种鱼来做这个杂烩汤。

a. 小心切片，把鱼刺清理掉。

b. 用大烧锅煮开，加入食用螺、海扇、贻贝、海螺、小虾、明虾和你喜欢的其他任何海产品。

c. 最后按自己的口味加上红辣椒。

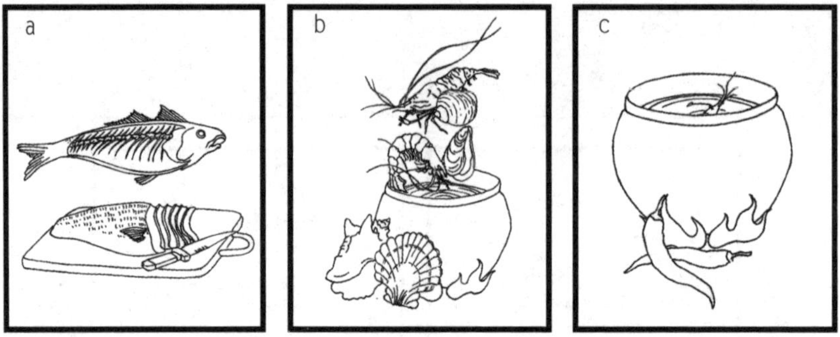

1.7 扁豆火腿汤：笔者最爱！

这是真正的上品靓汤！

a. 将大块咸肉煮熟。

b. 待其冷却。

c. 将汤中肥肉弄走，加入土豆和小扁豆。

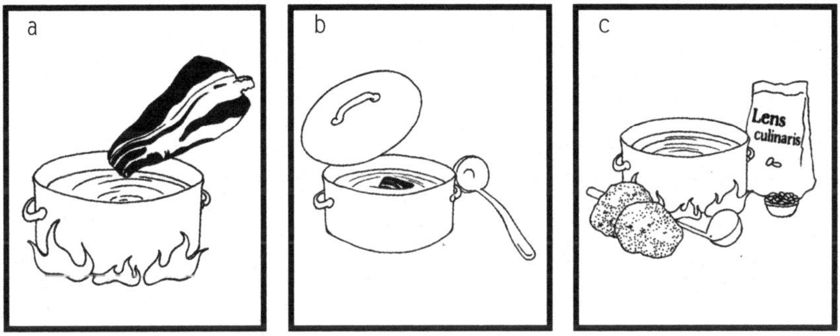

吃沙拉的时候，只做一餐吃的。不要存储。吃多少买多少，总吃新鲜的。汤可以多做一点，分几餐吃。你可以把汤冻起来，但不适合在家用冰箱冷冻。每次都要彻底加热。我喜欢用微波炉加热。下午 3 点可以喝一顿。我喜欢喝一杯茶，再加上一块三明治。

2　咖喱饭菜

很少有东西能够比咖喱饭菜更让人产生好胃口的。一星期内可以每天吃不同的咖喱饭菜，每一种都有不同的口味。咖喱饭菜的好处是，你永远不会觉得吃得太饱。任何东西都可以加上咖喱：鱼、肉、蔬菜。英国皇家特种部队队员最会做咖喱饭菜。

2.1 英国皇家特种部队咖喱饭

手头有随便什么肉都可以，按照地道的英国皇家特种部队方式，做一顿有营养也能取暖的咖喱饭菜。

a. 根据口味用一颗或者几颗大蒜。

b. 把切碎的洋葱倒进炒菜锅里用油炒。如果有可能，我喜欢用橄榄油炒，或者用香蕉油、椰子油。

c. 加入咖喱粉，最好用咖喱糊。根据口味加，但不要多于一匙子。

d. 再用油炒。用油炒一下咖喱是重要的，否则它会混在饭菜里，吃起来有沙砾感。如果喜欢很辣的咖喱饭，可以再加一些红辣椒。

e. 咖喱粉与油混在一起后，加上一些肉翻炒，直到呈金黄色。

f. 按口味加入适量西红柿汤。

g. 最后，加入高汤，文火炖几个小时。

h. 将咖喱倒在饭上吃。

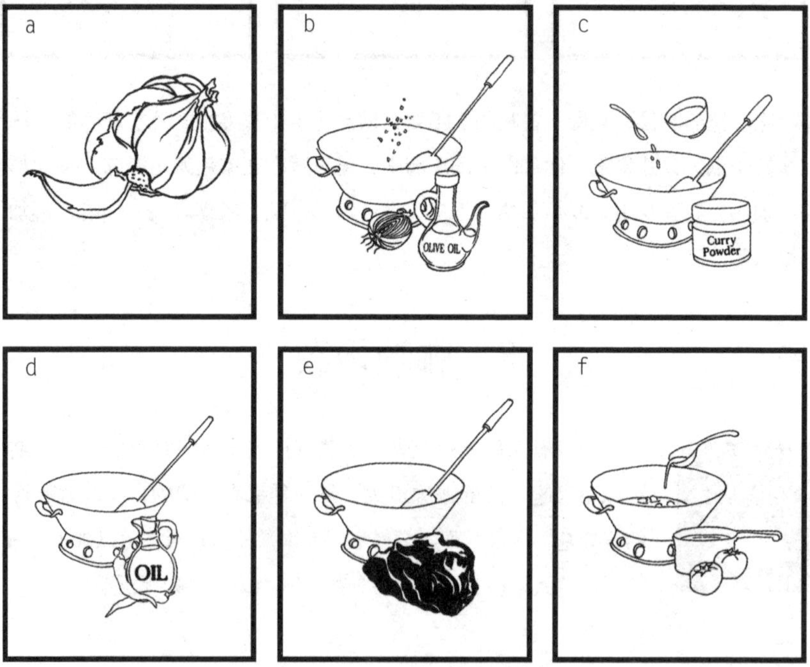

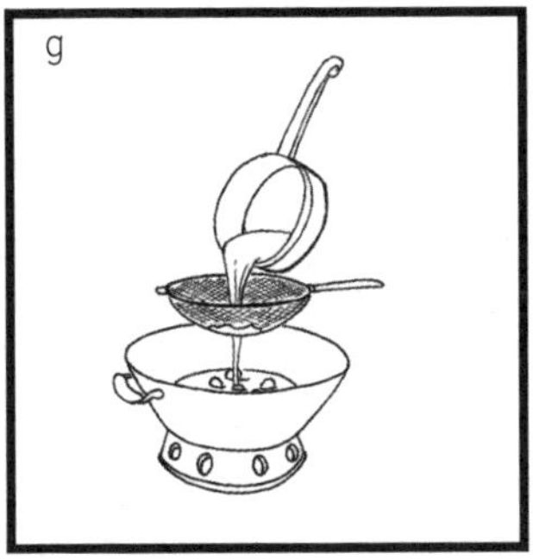

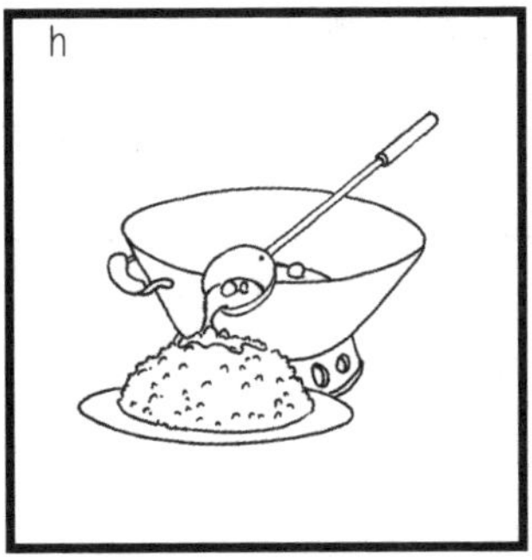

2.2 乌奴咖喱鸡

如果你从来没有尝过这种咖喱饭菜，那你真应该好好吃一顿！

a. 将整鸡连同脖子和鸡杂一齐放进大汤锅里煮。

b. 煮 20 分钟后，将锅从炉子上端下来。

c. 将鸡肉切成片，去皮和骨头。

d. 翻炒洋葱、大蒜和咖喱粉，之后加上鸡肉炒，直至呈浅黄色。

e. 最后加入菠萝和椰奶。

2.3 精制咖喱鱼

任何一种大一点的鱼都可以做这道菜。

a. 将整条鱼放入汤锅内加水煮，放入少许盐，一点柠檬汁和少许辣酱。

b. 翻炒洋葱和大蒜，之后加上咖喱粉和一匙沙拉油。

c. 鱼肉削片放入炒锅内一起炒。

d. 将汤汁留下作高汤用。

e. 翻炒至鱼肉呈浅黄色。

a

b

c

d

e

f

g

f. 加入明虾煮几分钟。

g. 最后混入高汤，跟米饭一起吃。

3　米饭

煮饭是一门艺术。这里有几条有用的提示：

a. 将米洗净，换三道水。

b. 大锅加水，加少许盐。

c. 将水煮开。

d. 将米放入沸水，任其煮 15 ~ 20 分钟。

e. 关小火，任其文火煮，直至米饭变软。

f. 将锅端至冷水龙头下，将米饭倒入漏锅，一边倒一边冲洗。这使饭粒彼此分开，吃起来有蓬松感。

3.1 马来米饭

马来米饭是一种炒饭，老一辈的英国皇家特种部队突击队员都喜欢吃。

a. 煮米，确保米洗净滤清。

b. 在锅里倒入少许油。

c. 翻炒大蒜及洋葱、西红柿、胡椒粉和一两颗红辣椒。

d. 加入牛肉薄片及火腿和小虾。

e. 加入米饭，炒匀。

a

b

c

d

e

f

g

f. 加入 3 个搅好的鸡蛋。

g. 翻炒、拌匀，炒熟。最后加入两匙酱油。

4　特制牛排

大运动量之后，吃一顿多汁美味的牛排是再好不过的。可以利用这个菜单做一回试试。

a. 切一大块瘦牛肉，切片或切块都可以。

b. 剔除肥肉，用大蒜轻轻涂抹。

c. 放在烤炉里烤，或者放在炭火上烤都可以。

d. 翻动 1 分钟，直到肉呈棕色。这时候，所有的肉汁都会凝固。关火，慢慢烤至自己喜欢的熟度。

5 布丁

应该养成吃咸东西的习惯，不要光吃甜的。休息的日子，吃自己想吃的东西，但是，在一周的休息日内，不要吃蛋糕、巧克力和其他甜食。最好的布丁是酸奶布丁，之后吃些新鲜水果。

6 水

大量喝水。如果在水龙头上加上一只滤管，你可以省很多钱，根本不用购买瓶装水。往水里挤入一滴柠檬汁或橙汁，然后加入一匙蜂蜜可成为极爽口的饮料。

7 等份饮料

等份饮料里面含有盐，是替代在汗液中挥发掉的血液电解质的好办法。等份饮料不仅仅含有极重要的盐类，比如钾，而且还含有糖，可以代替损耗的能量。大运动量练习之前和之后都应该喝一些等份饮料，这有助于人体迅速恢复。健身和强体并没有特别的魔水。我们盼望的东西并不能从某个瓶子里出来。锻炼是艰苦的，难受的，但只有最棒的人才能戴上英国皇家特种部队的沙色贝雷帽。

记住：谁在乎，谁就赢！

第十三章

生存食物

野战干粮永远都是个问题。背包越来越重，恶性循环也形成了：增加一点重量就意味着要做更大的功，从而需要更多富能量的食物。英国皇家特种部队解决这个问题的办法是，指望其成员能够依靠轻便的野战干粮存活，必要的情况下靠就地取食活命。

另一个问题是，在行动期间，关键的设备必须塞满背包的每一只口袋和每一个角落，根本没有地方存放多余的干粮。你只能够带上背得动的干粮！哪怕在理想条件下，一个士兵也只能携带 4 天的干粮和饮用水，而我们在野外有可能一次要待上几个星期。

1　英国皇家特种部队式的干粮

能够携带的干粮，就其体积和重量而言，应该含有尽量多的热量质。罐头和瓶子是不行的！

英国皇家特种部队士兵携带的是一种冻干的脱水干粮。冻干的食物是较好的，味道稍微好一些。脱水的食物缺少质感，也没有味道。从食物中抽取水分的过程，同时也会抽走维生素和矿物质，尽管这些东西后来也可以放回到食物中去。冻干食物可以啃着吃，也可以加水化开吃。

有很多种的干粮制作法，有比如牛肉、羊肉、鸡肉和猪肉等的肉类。一些专卖登山用品和户外用品的专业店也提供完整的干粮。

在所提供的食品当中，有一些是真正可口的食品，比如意大利面条。如果按照提供的简单说明制作，这些东西都有可能很可口。一般来说，要往袋子里加入一些开水，之后搅拌食物，直到食物完全复原。哪怕布丁，比如加奶饭和苹果以及乳蛋糕都可以提供。如果是在山区过艰苦的生活，这些东西都是相当不错的。

有一样重要的设备是你的背包里必须要带上的，那就是冲茶设备。在山上经过很长时间的一个冷夜，或者在暴雨或大雪中扎了一晚上营，没有任何东西比一杯热饮料更能让人重新焕发出活力的。

更重要的是，热饮料会防止人进入体温过低的危险境地，对于自己的士气也是极为重要的！一杯好茶会把有刺激作用的咖啡因送入血管里，而浓缩固体汤料和热巧克力本身都是极好的美餐。在炎热的日子，等份饮料和柠檬粉是温水的极好替代品。

在行动时期，英国皇家特种部队巡逻兵每天只吃一餐。午餐经常就是一种富含能量的小吃，可以在5分钟的休息时间内迅速吃完。坚果和葡萄干、枣子、干果、火星糖、麦片条和肯德尔薄荷饼都是藏有能量的食品。行走到崎岖地段时，真得有比较高的血糖水平才行。

在天气很冷的时候，如果你只是用很大的能量去保暖，或者当时间不是很紧的时候，你总是会喜欢喝上一杯热汤的。粉状汤料有各式各样的，品尝起来味道很不错，能量和营养都好。早餐应该简单一些，但一定要是热的。喝上一点热的和甜的东西，再吃一点饼干，也许就是你需要的早餐。“完全的”早餐也许是麦片和还原奶，粉状蛋或者饼干以及干酪。但请记住，背包里面带的东西必须要带着。因此，一定要习惯于过简朴的生活！

一天的主餐对我们来说真可谓是一场仪式。我们花很长时间准备这顿饭，因为我们知道，这餐饭要管接下来的 24 个小时。每个人都为自己的佐料找了个地方。这些东西真的让咖喱和米饭焕发出活力来！

为短期和长期探险而准备干粮，关键是要用好“砖形干粮法”。把所有的干粮分成 3 种不同的“砖”，每一块包含约 1500 卡热量。“甲砖”是较轻的一块。只需要极少的时间就可以准备好，而且不需要煮熟。

1.1 甲砖干粮

a. 干酪和饼干

b. 巧克力或火星糖

c. 坚果和葡萄干

d. 坚果和麦片条

e. 煮过的甜品

f. 麦片和干果

g. 等份饮料或粉状柠檬

h. 肉“条”，比如意大利辣香肠、熏制香肠或牛肉干

i. 甜饼干

这些都只是你想得起来可以列入轻装干粮的东西，还有别的很多种。这一类的“砖头”是你爬山、划船或越过山岭时需要带上的大部分干粮。

1.2 乙砖干粮

这一类的干粮可以补充轻装干粮，可以当一天的主食，也可以是你在前锋营地吃的东西。这些干粮需要烧煮，因此需要花一点时间制作。当然，这种“砖”也要有1500卡热量。这一类的干粮中所包含的食物一般是：

a. 完整的一道主餐

b. 布丁

c. 蛋粉、麦片及饼干（早餐）

d. 高能糖块、坚果和葡萄干加上汤（午餐）

e. 茶、牛奶和糖加上固体汤料

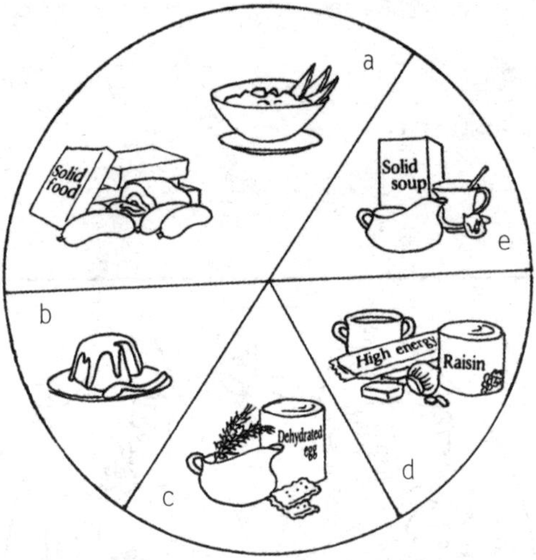

跟轻装干粮一样，这种干粮只是一个示范，还有别的很多可以选择。应该有创意，把你最有可能吃的东西带上。

1.3 丙砖干粮

下面这些小小的奢侈品是你可以选择带上的。尽管这些东西都是“奢侈品”，但每块“砖”还是必须要包含约1500卡热量，重归重，但要值得带。在长时期探险活动中，这些干粮对你日常所吃的东西来说是一个可喜的变化。典型的食品可以考虑如下这些：

a. 巧克力饮料
b. 蛋粉
c. 土豆粉
d. 米饭／面条
e. 干洋葱、大蒜和香料
f. 烙饼
g. 饼干
h. 高能糖块
i. 甜咸面包酱料

这些干粮的用途是要让生活多一些乐趣，甚至是在极严酷的环境下。

1.4 选择和包装自己的“砖头”

干粮已经分成了三个类型，现在，你必须决定如何混合和匹配，使其适合你在计划的特别行动。

如果是出门 3 天，知道自己一路不能停留，我建议你带上 3 份“甲砖”和 1 份“乙砖”。如果是跨越山区的 7 天远足，你需要更实在的一些干粮，这样，你必须带上 7 块甲砖，3 块乙砖和 1 块丙砖。

这个带法的好处在于，你可以自由选择，而这样的组合可以是多种多样的。在当地的超市里，你应该找到差不多是自己需要的所有东西。当然，你应该根据计划的活动、准备去的地区和去的季节来调节自己需要带上的干粮。

在冬季，或者在寒冷和潮湿的地区，比如在山区，主要的问题是保暖。你的干粮应该能够反映出这种需求，而且应该包括较多的脂肪类食物，富淀粉的食物，比如米饭和土豆以及“快速能量”食品，还有富糖的食品，比如火星糖块。确保带足大量做热饮料的东西。

在夏天，或者在炎热干燥地区，你可不想带上太重的背包，因为炎热本身就消耗掉不少能量。保暖不会成问题，因此，你需要的热量应该少一些。应该带上较轻的干粮。如果沿途找不到水，那就更应如此了，因为你还得带上很多水。请记住，出汗的时候，体内的盐会损失很多，因此应该带上一些等份饮料，一些可以放进食物中的盐以及一些果汁，以更替损失掉的极重要的钾。

把食物分成“砖”以后，确保将它们放好。散装的东西应该用结实的塑料袋装好，之后在顶层卷一下，用烙铁将它们封好。最后，把所有散装的东西用一只大塑料袋子装起来，标上甲、乙或丙。你还需要其他一些小东西，比如火柴、盐、口香糖和卫生纸。这些东西也应该用塑料袋子封起来，之后放在背包的外层，或者放在顶层。

2 炉具

在部队里，我们习惯于用固体四氮六甲圜块煮食。这样不好。我之所以提起此事，是因为这些东西正好就是应该避免使用的固体燃料。四氮六甲圜燃烧的时候冒出的火苗相对较“冷”，而且多烟，火苗是黄色的。遇到有风的时候，大部分热量都吹跑了，尽管这有时候是件好事，因为那些火苗有毒！那种浓烟还有一种很特别的味道，可以传很远，如果在树盖底下，这种味道还会在静止不动的潮湿空气里经久不散。

后来，英国皇家特种部队的一些成员就开始带上液化气炉具了。跟四氮六甲圜不一样，液化气燃烧起来没有烟，而且很烫，但仍然不是很理想。有两个问题：一是跟前面所说的一样，风一吹，热量都跑了；二是在海拔高的地区，气体出来的压力很小，因此无法完全燃烧。我喜欢使用科尔曼固体燃料炉具，上述的问题都可以解决。

山峰一号多燃料炉可以燃烧科尔曼固体燃料或石蜡，加一次料可燃烧多达6个小时。挡风装置和撑锅部分可以使八成以上的火力对准炒锅。制造商宣传山峰一号多燃料炉的时候，说它是一种探险炉具，可以在相当恶劣的环境下高效使用。科尔曼还有一种稍便宜的炉具，可以燃烧科尔曼燃料，也可以烧汽油。山峰一号汽油炉还带有结实的三脚架和挡风板，使大部分火力集中在饭盒上。

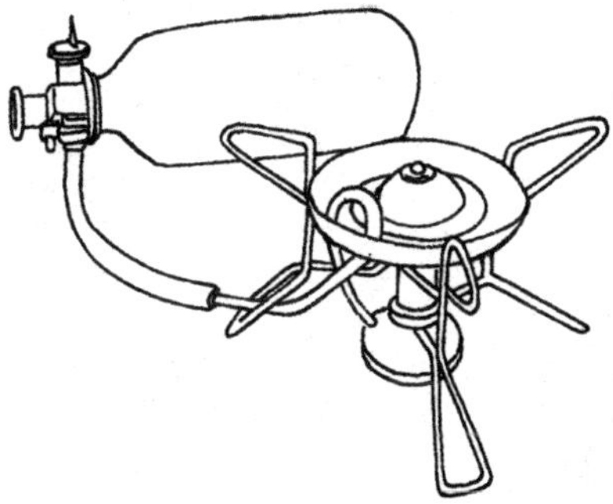

当然，燃料箱还是相当大，而且这种炉子还带有一个泵、燃料杆和自洁器。汽油炉做广告时说适合在“阳光充足的山顶上燃烧”，但我还是喜欢使用山峰一号多燃料炉。太小的炉具都有上述四氮六甲圜炉具的问题。但是，它们作为生存用的炉具来说是很好的了，而且还可以塞进皮带挂件上的小包里。跟四氮六甲圜炉具一样，微型炉具体积很小，价格便宜，可以在相对低的温度下燃烧固体燃料。类似的地方就这些了。大多数微型炉具都可以燃烧固体酒精，没有烟，没有毒，没有异味。这意味着它们可以在生存掩体或帐篷里使用。如果天气不好，这可真是一件好东西。

新炉具装备有足够连续烧两个小时的燃料。重新装一次燃料可再烧约90分钟。

第三部分

精 神 活 力

犯错误是人的共性，但人一生重复犯同样的错误就是极端愚蠢的行为了。世界看来只记得胜者。没有人喜欢处于次要地位。但是，要当一个胜者，你首先就必须当一个失败者。一辈子锻炼不止的人一定会健康一些，强壮一些，速度更快一些。应该向他们学习。

第十四章

积极思考

应对危险和吓人的情形时，积极思考是成功的关键。我们必须以积极的态度应对生活。我们必须相信自己。为了实现这些目标，我们必须想办法克服自身的弱点，哪方面不行就练习哪个方面。在一个充满竞争的世界里生活是艰难的，这个世界也很会利用我们性格中的一些弱点。应该意识到自己的局限，想办法纠正这些缺点。

1 动机

光是开始一项健身计划都要求我们有足够的动机。身体不好也许是必要的动机。呼吸短促或经常感觉疲倦会让你厌烦。我们都可以改善自己，改善我们的生活方式，可以改变我们的工作，一切都以意识到自己的弱点开始，以注意到我们生活中的问题开始。

拿自己跟同年龄同性别的人相比，他们是不是更健康，更幸福？选择一个人，是你很崇拜的一个人，问问自己到底欣赏他的哪些品质。你肯定也具备那些品质，只不过自己的品质也许没有完全发挥出来。如果不是这样，你不会赞扬那些品质。别人是镜子，可以照见我们自己。

但是，不要光是照别人的样子做。应该分析你喜欢他们身上的那些东西，并且集中心思在自己的身上体现这些品质。同样，应该分析别人的弱点，问问自己是否也有这些弱点。

研究一下生活中发生的错误，问问为什么会发生这些事情。普通的问题是以普通的方式出现的。如果你现在就明白了哪个地方出了毛病，那你将来有可能纠正这些毛病。犯错误是人的共性，但人一生重复犯同样的错误就是极端愚蠢的行为了。世界看来只记得胜者，没有人喜欢处于次要地位。但是，要当一个胜者，你首先就必须当一个失败者。一辈子锻炼不止的人一定会健康一些，强壮一些，速度更快一些。应该向他们学习。研究他们的运动项目，听听他们的建议，看看应该吃什么东西，跟他们谈谈，是什么东西促进他们运动的。

一旦开始了自己的练习计划，你就开始体验不同的食谱和适合自己的练习日程了。人跟人不同，我们都有不同的需要。认真考虑自己的目标，之后再去追求这些目标。利用自己的训练计划和自己的工作来构造自己的生活。为自己树立合理的目标，实现目标以后要好好庆祝一番。对自己的训练计划应该有独立的评估。人很容易只从事自己做得比别人好的活动。请最好的朋友或训练伙伴评论自己的标准。听听他们的意见，看看他们如何修改你的训练计划。应该跟他们共享生活经历，共担生活中的烦恼。

良言逆耳，但只要是建设性的批评，都能够帮助你认识到别人是怎么看你的。总有一些时候，你会受到生活的挑战。事情会出差错，你必须有所准备，知道这些事情有可能发生。永远都要有应急方案。努力想象可能发生在你身上的最糟糕的事情，并迫使自己想象应对的办法。当你进行耐力拉练的时候，想象自己会在山中迷路，或者腿摔断了。那个时候，你如何应对坏天气？

你永远也不需要这其中的任何一种紧急情况，但是，只需要想象这些情形以及应对的办法，你就是在为应对这些偶然因素而做准备工作了。别人可以帮助你促进自己。你的伙伴可帮助你清洗要带上的用具，或者为你煮上一餐美食，还可以促进你的决心。朋友时不时帮你举一举重物，或者问问你想达到的目标，光是这些就足以刺激你的行动了。你在健身房的教练一定习惯于跟搞运动的男女相处。他们会提供鼓励、建议和时不时的赞扬。他们还会准备好提出建设性的批评。

虽然没有人喜欢听批评意见，但是，想想他们说的话，看看自己能否利用这些批评改进自己的训练计划。如果建议是好的，那应该能够帮助你改善自己的表现。成功是另一个了不起的促进者。事情顺利的时候，也很容易专心练习，但是，如果训练不是很顺心，你也得准备好坚持下去。

性格健全的人，遇到失败总会想办法东山再起。经历过失败后，你的动机应该更强烈。动机最后的一个关键是欣赏。人们也许并不总是会盼望着进行下一次练习，但是，一旦练习完成，你应该会产生很大的满足感。

2　训练

健身训练会使你更自信，而且会使你更健康，有更良好的自我形象。能量会从你身上焕发出来。知道自己能够摆出自信的形象，这在许多情形下都是有用的。遇到恶人，或者对付某管理部门的讯问时，你都会有能力控制局面。你也许会体会到焦虑与恐惧。我们禁不住会产生自己的某些感觉，但是，我们能够控制有了这些感觉后做什么事情。恐惧必须加以控制，这是表现自信的自我形象的重要部分。虽然真实的变化一定会在你内心产生，其他一些事情也有助于形成积极的自我形象。

你的衣着是你的自我宣言。商业服装显露出确切和可靠的气氛，不太正式的服装被认为是娱乐性的，更容易接近的，但也许不那么可靠。暗色的宽松衣服有可能被认为是无保障的迹象，而穿浅色衣服的人经常被认为是自信的表现。你走路的方式投射出一个特别的自我。一种挺直、有目标的步态与自信相关，也与一种目标感相关。对照而言，弯腰和来回不定的步态就与软弱、无保障和缺乏自信相关了。

文身和珠宝饰品都有助于投射个人形象，因为这些东西都与某些少数团体的着装习惯相关。身体语言也是透露有关一个人的许多信息的东西。一个满脸微笑的吹口哨的人也许是一个无忧无虑的人，但这也许是一个面罩，掩饰住不快和缺乏自信心。透露幸福而掩盖悲伤是人的天性。

坐立不安、口吃和夸张的动作都说明实质上的不安感和缺乏自信心。

视线接触，或者没有视线接触，也可以提供关于某个人的有趣的信息。一个想控制说话对象的人会一刻不停地保持视线接触。稳定的视线接触总是跟控制欲、进攻心理、诚实和自信结合在一起的，而没有视线接触则表明缺乏自信，也缺乏诚实精神。

身体语言可以确定一个人的生活中会面临多少争论和进攻行为。恶棍和坏人总在寻找不太可能挺身一斗的人，而这个类型的人经常会被人控制，被人主宰。有的是他的同事，有的是一些有权力的人，比如老板，银行经理以及一些文职人员。请注意，不要把自己的生活控制权交给这些人。

3　展现合适的形象

真正的自信一定是发自内心的。真正的自信和满足感会使人流露出安逸的神情，从而确定一个人的身体语言，并且通过他的着装体现出来。另外一方面，无论是何种形式的自我推广，一个人并不能总是完全掩盖住自己缺乏信心的本质，无论练习得多么圆熟。自信心来自幸福和安宁的感觉。自信心也取决于形象，而健身计划只会改变你的身体形象，使其显出更好的一面。作为训练的一部分的饮食也有助于修整和塑造你的形体。应该满足于自己的工作，或者努力去换一个更好的工作。应该认真思考一下，看看自己到底做什么工作谋生比较好。永远不要用虚张声势来掩盖无知。工作是我们生活的重要基础，你获得的知识与经验越多，展现出来的形象就越强壮。

4　焦点

我们必须有健全的心理能力，能够把全部精力投入自己希望成就的事业。成功是一种精神练习。它从这么一项确认开始：“我一定能够做到！”最后就是这个意志力的有效展现，而这个意志力是受到良好的计划，有现实和能够取得的目标指点的。生活并不仅仅只是成功，有时候，克服失望和失败的时刻本身都是一种成功。有效的生存也取决于意志力。例如长时期的失业，也需要相当大的精神力量和毅力才能挺过去的，这跟一个流放到荒岛上的人求生存需要的毅力是一样的。

5　成功的意愿

我们作为人生下来都有生存下去的本能，但是，在发达国家，日常生活很容易变得单调无聊，因而使这样的生存变得没有趣味。

所以，生存成为一种技巧，必须经常和反复地练习和实践。现代家庭已经大幅减少了艰苦的体力劳动，我们的家庭里面充满了公共卫生服务，还有各种各样的节省劳动的装置。但不幸的是，我们舒适的现代生活并没有让我们准备好接受艰难的环境考验。舒适不一定能够让我们感觉更健康，也不会使我们一定有更强壮的心理健康。根据一个完整的健身计划进行艰苦的体育锻炼，有利于调整这种平衡。成功、生存和彻底的决心是从意志力中产生的。

诗人爱默生提醒我们说："你梦想的时候一定要小心，因为那一定会梦想成真。"你的希望和梦想是可以成为现实的。你必须做的一切就是拿出意志力来。

6　运气

运气也许向着勇敢的人，运气一定偏向有很强烈动机的人。如果我们对自己是诚实的，那我们生活中的很多"运气"都来自于抓住机会。我们造就了自己的运气。艰苦的工作可以带来成功，而成功也会滋生更大的成功。没有神仙般的教母，等着机会来敲门也是没有意义的。否则你一定会等很长时间。一切都得是你自己让其发生的。

7　一点点幽默感

幽默感对成功至关重要。我们都经历过无数次的失败，灾难往往是在你认为就要成功的时候来临。幽默是一柄安全阀，有助于让我们从新角度看待失望。陷在齐脖子深的沼泽臭水里，水蛭围满颈部，皇家空军特种部队的那些巡逻兵还会看着彼此大笑。为什么不笑呢？还有别的什么办法吗？咒骂也好，哀号也好，怎么也改变不了此时的情形。你只能让绝境感觉起来好受一点，只好挺下去。如果能养成自嘲的心境，那你永远也不会太生气，永远也不会勃然大怒。请记住，在这个世界上当一个幸福的人很容易，当一个悲惨的人也很容易。如果你能积极思考，保持向前，灾难袭来时能够开心大笑，那你最终一定能够实现自己的目标。

8 如何集中精力

自己想要什么，心里一定要有个明确的概念。目标要高，但一定也要现实。如果健身是最主要的目标，那就应该问问自己为什么想要健身。如果你的目标是参加奥林匹克运动队，那你一定要明白那里的竞争情形，也要意识到实现这个目标所要面临的标准。确保自己所有的目标都是可以实现的。画一个简图，说明自己想要的东西，然后将它分成几个阶段，一次迈出一步。应该对失败有所准备，随时准备好应急方案。不要依靠别人，大部分人都有可能让你失望。只有你自己才能实现自己的理想。不要为自己一动不动找借口。永远不要把今天的事情留到明天再做。

要跟皇家空军特种部队士兵一样成功，你必须有献身精神，还要准备好投入时间和精力。真正有价值的任何东西都不能信手拈来。如果真想要，一定要想办法得到。

记住：事情不顺利的时候，不顺利的事情会越来越多。

9 确立目标

监测成就的最好办法是画一个进展图。如果你练习的目标是要达到皇家空军特种部队训练计划的最高水平，那就应该一星期一星期地描述进展情况，把已经走完的里程记录下来，把最好的个人成绩记录下来，把平均速度记录下来，把体重减轻的数量或增加的数量记录下来。把每一个挑战跟某种形式的奖励结合起来。我最近在膝部做了一个手术，如果膝部回到正常水平，我准备给自己奖励一辆新车。这使我有了一个盼头，有助于加速自己的恢复过程。如果目标是减肥，想办法每周减轻 0.5 千克。减掉这部分多余的体重时，你会感觉很难办，因此应该对自己的目标体重有一个清晰的认识。如果你跑步的目的是要加快速度，那就应该带着秒表跑步。在确定的距离内测量所用的时间。把这个星期最好的成绩记录下来，下个星期想办法打破这个记录。如果你的目标是在 24 分钟内跑完 4.5 公里，应该在全部路程中保持同样的速度。不要在头 6 分钟跑完 1.5 公里，接下来的 8 分钟内跑 1.5 公里，最后 10 分钟跑完 1.5 公里。应该想办法在头 8 分钟内跑完 1.5 公里。现在，想办法把每一个 1.5 公里的时间削减 1 分钟。接下来的目标应该是 7 分钟 30 秒跑完 1.5 公里。这是目前实现目标最容易的办法。

如果你的目标是练健美，那你应该听从我的建议，不要想赶上你在健身房里的同伴。如果他们举起来的重物比你的重就担心。他们也许想要更大的肌肉块，因此也许需要更大的重物，目的都是一样的。

10　压抑

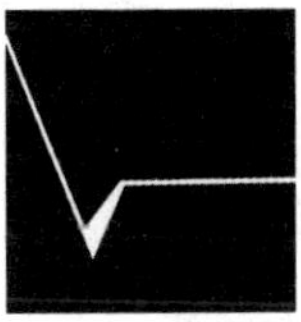

有些日子肯定比另外一些日子好过些。星期一你可能感觉好极了，但到了星期二，你可能感觉万念俱灰，什么事情都难办成。你的情形变化可能有很多种原因。你可能有睡眠不足的问题，也有可能有工作上的麻烦，或者你有轻微感冒的症状。天气变化也会引起人的情绪波动。阳光照耀的日子，我们的情绪总是强些。许多人到了冬季或天气长期不好就压抑。

生活节奏或生活方式中的变化有助于恢复我们的幽默感，还有我们对待生活的积极看法。锻炼是另一个有效的防护办法，使压抑无法近身，但你的训练计划本身也有可能是一场斗争。不要绝望，不要轻言放弃！想办法更改计划，或者把重点放在不同的活动项目上。改变计划有时候跟休息一下有同样的效果。当你经过一星期或两星期的休息后重新开始健身计划，你会看到自己有相当惊人的进步。

总起来说，不要停止训练。艰苦的锻炼能改变身体的化学组成，能够改变造成压抑的一些因素，并且让人产生成就感和满足感。你的皇家空军特种部队训练计划应该成为实现目标的总体努力的一部分。生活中现实可行的目标是防范压抑的另一个有力武器。

最后，永远要记得看到人生美好的一面，要看到自己幸运的一面。世上有很多人过着远不如你目前的生活。

11 害怕

害怕是我们所有人都必须面对和克服的另一个障碍。人的害怕有多种多样的形式，从面临重要会见前轻微的焦虑，到有可能让我们的生活全部完蛋的压倒一切的恐慌。首先，不要因为害怕而羞耻。当我们感觉到一种威胁的时候，不管是真实的威胁还是想象中的威胁，产生“或打或逃”的反应是相当自然的。不幸的是，对于我们的史前先祖来说，肾上腺素的突然上升是一种能救命的功能，但是，这种肾上腺素快速上升的功能现在没有太大用处了。

在日常生活的很多情形中，这种原始的防护性反应即不方便，也不适当。这里有一些建议，供大家在克服害怕心理时考虑：

☐ 想办法换个角度看问题。有人说：“没有什么大不了的事情，只有极少数事情是真有关系的。”这听起来也许是很消极的说法，但是，如果大家回顾自己的生活，会发现这倒是真的。很少有什么事件或决定能够对我们的生活造成终生不变的影响。

☐ 对待生活应该有哲学家的眼光。我们不能猜测双重生活。人生是一个悲喜交替、成功与失败轮换、挫折与成就迭现的一刻不停的大循环。生活中的很多事情我们都做了无谓的担忧。我们也许会担心能不能得到某一件具体的工作，但是，哪怕我们不是很成功，另一个工作机会到时也会出现。回头一看，我们会记起很多事情，当时看是失败，过后看却改变了我们的生活，使我们向更有利的方向发展了。多年以前，我的一位朋友丢了工作后伤心欲绝，精神整个儿垮了。他在伦敦一家大型金融机构工作，结果这家机构被阿拉伯集团购买了。那家银行要搬到海湾地区去，结果他没有收进“精编团队”。当时，他感觉就像所有的希望全盘破灭了一样，未来的一切都无法确定。经过了8个月的失业，他找到了另一份工作，这份新工作提供更多休闲时间，使他的生活过得更好了。一天早晨，他打开报纸，发现继续留在那家已经搬到科威特的银行的朋友已经成为伊拉克陆军的俘虏。

☐ 想象自己面对一个让自己焦虑的情形。在自己的脑子里反复演练，想象自己如何解脱困境。我们都会经历某种形式的害怕，其中一些人有更多实践经验，他们知道如何应对或掩盖它。

□　应该多一些职业精神。准备上台表演的职业娱乐人和准备在听众面前发表谈话的新手都会体验某种形式的焦虑。主要的差别在于，职业人士会对自己说：“这是我的工作，这就是我选择的生活方式。我会控制住自己的焦虑，因为控制焦虑是我工作的一部分。”无论我们想完成任何事情，都可以拿职业精神来鼓励自己。

□　学会控制住产生恐慌的冲动。恐慌是我们所有的情绪中最有毁灭性的一种。永远也不能够容忍恐慌的存在。呼吸练习有助于减少肾上腺素有害的上升产生的不利影响。一位日本心理医师发现，下面的练习在帮助病人应对恐慌情绪时非常有用：

1. 站立或坐直。

2. 用嘴吸气，让肺充满。

3. 通过鼻子极慢地呼气。想象自己拿着一根羽毛在鼻子前面，你的呼吸如此轻微，那根羽毛竟然纹丝不动。

□　自信是害怕和恐慌最大的敌对。利用自己的皇家空军特种部队培训计划帮助你实现目标，并且养成极好的成就感。成就感、满足感和内心的幸福感是自信的源泉。

第十五章

工 作 压 力

在日常生活中，我们发现自己时常感受到多种压力。有些是现实的压力，有些是想象中的压力，还有一些是自我的，或者说是完全可以避免的。守时的问题都是自找的。有些人习惯于迟到，他们从不给自己留下足够的时间赴约，或者自己能够把握的时间总是掌握不好。结果，他们总是感觉有压力。闹钟是压力，老板是压力，同事是压力，家庭也是压力。

1　工作压力

时间管理不好是有一些症状可以看出来的。人们利用“我没有时间”这个借口的时候就是。他们的真实意思是，他们太懒了，不想把自己的事情理清楚。英国皇家特种部队教的第一课就是时间管理。英国皇家特种部队的行动依靠准时，精确守时。一些中队接到命令几小时内就得赶往世界任何一个地方。巡逻兵一定得按安排好的行动时间表行动。他们的工作是危险的，但是，准确守时可以减少危险。行动期间，两队见面的时间误差也许只有 5 分钟。下面是我的一些建议，供大家在守时方面考虑：

- ☐ 闹钟一响就起来，要抵挡再睡一小会儿的诱惑。
- ☐ 记住要点：早做准备，临事不慌。

2　计划好一天的活动

计划应该留下富余时间，防止交通阻塞以及泊车困难。

认真的准备工作是英国皇家特种部队行动的另一个标准。应该跟英国皇家特种部队军人一样，今天就为明天做好准备。确保汽车加足了油。人一忙，往往就忘了哪些东西放在哪些地方。任何东西都要有个固定的地方，而且总是放在原来的地方。把钥匙放在不可能放错的地方。

如果准备在拥挤的地方跟某人会面，应该选择一个很容易认出来的地方。如果准备见一个陌生人，确保能够彼此相认。检查一下，看看自己的书面工作是否准备完毕，而且应该把次日的事情在脑子里过一遍。确保自己准备好了所有需要的东西，比如钱、联络电话号码、车票以及停车用的零钱。

人们都有可能因为极多的理由而迟到。确保别人因为无法预知的原因而迟到后，知道如何联系你。

给自己留下 15 分钟的泊车时间。确保自己找到了正确的大楼，找到洗手间，把头发梳理一下。

3 接受工作之前

应该认真选择自己的工作地点。见面之前和之后，应该认真地看看公司及其工作场所。可以跟公司的员工谈一谈，试着确认该公司是不是好的雇主，看看有没有当地的一些问题。每年的员工离职率是不是很高？这也许意味着员工总要实现不可能实现的目标。问问现在的员工，看看他们是不是必须把没有干完的工作带回家做，或者还必须在周末工作。有些工资很高的销售及管理公司员工离职率极高，有的高达25%。

一家公司如果一年损失掉四分之一的员工，那么，这家公司极有可能是“敌意环境”。如果经不住诱惑，还是想去这家公司上班，那就应该问问自己这个问题：准备为这家公司死掉吗？压力直接造成很多致命的疾病。另外，四分之一的人一辈子的某个时候会经历某种程度的精神病症状。许多精神疾病都是压力过高引起或促成的。

4 做成分外的贡献

如果发现自己大部分晚上和周末都在工作，那你是在隐性地牺牲家庭成员和朋友，还有本可能是让人觉得满足的人生。你还必须自问，自己是否真的适合正在申请的那份工作。你能够应付在一个不熟悉的地方工作的压力，而且能够应对各种挑战？在一个新地方工作的头3～6个月是压力最大的时期。不要忘记，一开始看起来十分复杂的一些事情，经过练习和重复之后，会变得如同儿戏一样容易。

5 评估未来的同事和工作环境

你的同事是不是那种可以勉强相处，而且可以一起开心大笑的人？毕竟，你是准备拿自己生命的一大部分去跟这些人一起过的。这家公司在抽烟上的政策如何？一些员工不应该吸入另一些员工呼出的烟雾。任何工作多少都会产生一些压力，但是，大部分情况下，这些压力都应该是一种值得努力的压力。也就是说，这些压力来自解决问题和达到自己的目标。今天，大部分经理都认为，有利健康的工作环境和好的管理实践会产生满足的劳动力、更高的生产效率和较低的缺勤率。另外一些公司的行为好像让人觉得，它们仍然生活在 19 世纪。有些公司拿员工当孩子看。另外一些公司拿员工当一次性用品。认真选择自己的工作，你可以在最小化工作压力中起很大的作用。

6　控制生活中的压力

压力是日常生活的一部分。压力太小跟压力太大一样有害。任何有过长时期失业经历的人都知道，工作及其相关的压力使生活有一个结构，也有一种充足感。这里的关键是要控制压力。一天的压力可以从早晨的拥挤时刻和繁忙的交通开始。你当然可以稍早一点起床避开最拥挤的时刻。举止应该有礼貌一些，对其他的公路使用者应该微笑以对。遇到侧路来车应该停一会儿。应该让行人先过，尤其是在交叉路口。你怎么待人，别人也怎么待你。

我们都有机会再造一个自己希望生活其中的新世界。如果面临很长的车队，可以放一点轻松的音乐。可以带同事上班，彼此轮流开车。看看有没有别的小路可以走。开车的时间可能会长一点，但开起来可能舒服得多。公共交通可能比拥挤的公路压力更大。拥挤的巴士和火车很少能够让人放松的。如果必须站着，一定要给自己留一个空间。

站立的时候，胳膊应该弯曲，双肘夹在两肋旁。上下火车的时候，应该努力保持在乘客中间。尽量保持自己的空间。穿结实舒适的鞋子。确保自己在办公室的椅子坐上去很舒服。

现代生活中，多余是一个很大的危险。对于敌意的公司收购和财务崩溃，你一点办法也没有，但是，你可以努力确保自己不成为第一个被解雇的人。应该当一个勤奋的工作者。努力赶在最后日期之前完成工作，满足销售数字或送货日期的要求。公司内部个人之间的竞争，对任何一方来说都是不利的。应该说服你的同事彼此合作，一起努力。永远准备好帮别人一把。在年轻人和新手面前应该显出榜样的作用。在友好的团体中工作有助于缓冲个人的压力。

7 确认压力

在我们生活的某个时候，大部分人都会显出某种程度的压力。确认这些小小的压力信号，要么想办法在生活中减少压力，要么去看医生。压力症状包括：

- □ 胃口不好
- □ 咬牙、咬指甲、玩头发
- □ 在电视机前面或开会时睡着
- □ 无法好好入睡，或者醒得太早
- □ 长期头疼
- □ 感觉疲劳，缺少对生活的兴趣
- □ 头部出汗、眩晕
- □ 对自己失去信心
- □ 无法做决定
- □ 对突然的大声噪音反应过激
- □ 腹泻及恶心
- □ 喝酒抽烟数量大增
- □ 非特征性遗忘

下列焦虑和恐慌症状需要立即去看医生并治疗。

情绪脆弱：人感觉想哭，哭起来就停不住。

恐慌发作：呼吸急促，无法思考，脉搏加快，出汗，感觉要出大事。“或打或逃”的应急反应完全拨到了“逃跑”一侧。

没有道理的害怕：人总处在不停的害怕中。

陌生环境恐惧症：怕空旷的地方，但同时也表现为害怕拥挤，怕购物甚至怕离开家。这完全是克服压力的防范反应，病人希望回避所有正常的压力形式。

强迫症：强迫症本身是一种单独的病症，但是，一个处在压力下的人也会形成强迫症。处在压力下的家庭主妇总想回家去看看，例如她担心煤气炉没有关好。有压力的经理经常去检查手提箱，看看文件是不是在里面。不幸的是，压力经常会引起遗忘，因此就形成了恶性循环。

8　应对压力

第一个问题是确认有压力。工作勤奋、雄心勃勃、肩上责任重大的人，他们在生活中承受着巨大的压力。其中很大一部分是有趣的。但是，环境会发生变化，他们有可能会发现自己“背负着”额外的压力。他们往往是最后确认的确有哪个地方出了问题的人。往往要依靠他们的伴侣“发射压力的照明弹”。人们一旦确认自己处在压力之下，就应该采取措施减少压力。

☐ 很多烦人的事情是可以交给员工和其他家庭成员去做的。

☐ 与伙伴及密友谈谈自己的麻烦。心理医师和心理学家经常能够充当“职业倾听者”的角色。有压力的人经常会太过兴奋，很难找到一个密友去倾吐，因为这些人自身也得去解决同类的问题。

☐ 应该承认，你也是个人，也是容易受伤的，跟世界上的任何人一样。压力是常见的。感觉到压力和焦虑症状的人经常会很担心地对医生说，他们“要发疯了”。他们并没有发疯，并不是只有他们才这样。与压力相关的病症是极其常见的。

☐ 休假，或者休息一阵子。确保你的周末是跟家人一起过的，或者是在做自己想做的事情。以较慢一点的节奏生活。日常生活并不是一个体育竞赛项目。应该花时间停下来跟朋友和熟人谈谈话。不要占用自己的休闲时间去做别的事情。不要指望一天之内做完不可能实现的事情。

☐ 避免“快修”。不要用酒精掩盖自己的感情。今天的问题明天还在那里，只是你现在还得要处理宿醉的问题。安定剂和安眠丸可以为用户提供“化学假日”，但是，这些东西只能在短期内使用。吃药上瘾不久会使我们的问题复杂化，而且还使寻找答案的事情更加难办。

☐ 为自己腾出一些空间。学会说“不”。要求得到一个私人空间和一段休闲时间。这也许意味着购买一部电话答录机，或者到了周末就把电话线拔掉。也许这还意味着抵挡诱惑，不要在日记本里塞满各种约会。可以安排另外一个人来抵挡不必要的生活烦忧。

□ 抛弃大男子汉的废话。在压力下挣扎的人经常会受到一种羞耻感和不充足感的损害。受压力之苦并不是什么丑事。每一个活人都有他们自己的强度极限，而且每个人的情况都有所不同。压力的症状是自然的压力信号。应该正确解读这样的信号。应该确认并开始改变或消除生活中产生压力的方面。

□ 认真分析一下自己的生活。我们生活当中有很多东西是能够予以改变的。问题在于，我们天生害怕变化。拿起纸笔来，在其中一面列上生活中压迫你的所有问题。在另一面迫使自己列出可能的解决办法。有些问题初看起来相当难以解决，找到解决的办法的确需要相当大的勇气。

9　英国皇家特种部队放松练习

做练习可帮助你放松，并找到内心的安稳。我们在部队里学习过这个方法，一向都很管用：

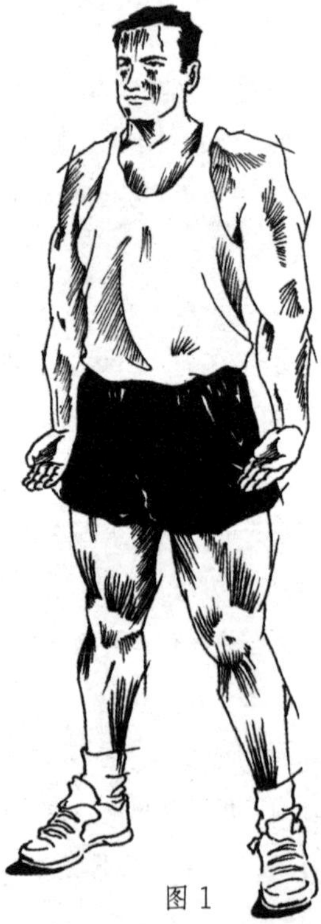

图 1

图 2

1. 直立，双脚齐肩宽。伸展双臂，手掌向上，肘部夹在两肋（上页图 1）。

2. 闭上眼睛，以口吸气。闭气数 5 下，拉紧身体。锁住双腿。捏紧手指，使其成拳，胳膊拉回腰部。

3. 胳膊推向前时呼气，全身放松（上页图 2）。

4. 重复这个练习的时候，想象自己在一个白光照耀的房间里。吸气的时候，你会吸入这种美丽的光线。出气的时候，所有的危险与挫折都离开了身体，就像一团黑云。继续做这个练习，直到能够想象自己的身体注满了这些白光。集中精力想象一个词，比如“平和”“宁静”“静谧”。

第十六章

正视危险

英国皇家特种部队士兵经常发现自己处在危险境地，他们接受的训练内容之一，就是要确认威胁，并做出消除威胁的决定。他们学习如何衡量对手的强项和弱点，并据此形成行动方案。本章告诉大家如何在各种各样的情形中评估别人并预测他们的反应。你发现自己处在危险境地的机会很少，也许是要面临一场暴力打斗吧。最常见但也最难对付的，也许是面对攻击型的推销员或麻烦的官员。在所有这些情形当中，正确解释“身体语言”的能力，会使你处在隐蔽的优势地位。

1　身体威胁

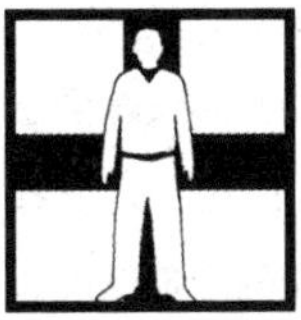

大部分涉及身体暴力行为的事件是可以避免的。自卫是从确认威胁和潜在危险的情形开始的，然后要采取行动予以回避。

1.1 保持警惕

在英国皇家特种部队，我们学会了如何扫视前方地面。经过练习之后，这已经成为第二天性。

首先看自己跟前的地面，从右看到左。再抬起眼睛来开始另一次扫视，但比第一次稍高一点。最后，你的目光应该注意到中远距离。

快速扫视只需要费一点点力就可以看到很大一片地。如果在扫视期间，你注意到某种值得怀疑或者让人觉得奇怪的地方，应该更仔细地看一看，直到自己能够确认，那只是某种不平常的东西。比如一扇打开的门，一群在街角玩耍打闹的孩子，几位坐在凳子上的老人，或者是一种可能的威胁，比如躲在阴暗门栋后面的一个人影，一群堵在人行道上的青年人，或者是一群紧盯住你的青年人，或者是凳子上的几个醉汉。

1.2 检查背后

进行英国皇家特种部队巡逻的时候，“后排侦察员”，也就是巡逻队最后一个人负责检查巡逻队背后的危险情况。在街头，这意味着不仅仅时不时回头看看背后了。街上有很多忙于各自事务的完全无辜的人。在阴暗的街头，如果突然有一个衣衫破烂的人出现在你后背，看上去好像很吓人，但这也许只是你对情形的感觉而已。

1.3 采取逃避行动

越过马路，或者绕到另一条路上，看看他是否还跟在身后。他多半是个无辜的人。

1.4 想出一个逃避路线

应该随时观察一个安全的地方，以利出现万一时逃避，比如商店、其他一些人，

或者是家中明显有人的房子。逃避路线是英国皇家特种部队的另一个技巧，可以帮助你避免正面冲突。不管发现自己到了什么地方，都要计划一条逃生路线。这已经成为一个常识了。法律规定，商业飞机的机组人员，或者是轮渡上的工作人员要告诉乘客紧急出口在哪里。在宾馆、电影院和其他公用建筑里，你应该自己找到火险通道或方便门。灾难只是偶尔发生，但一旦发生，头几分钟的行动可以决定一个人的生死。

2 小心为上

计划线路是要回避有可能遭到伏击的一些地方。如果有可能，应该回避开阔地、照明不好的街道、胡同、桥下和常有暴力事件发生的城区。应该留在人口稠密的地区，跟大众在一起。就你的个人保护而言，别人能够提供掩护、伪装和潜在的救助来源。大街也可以提供很多逃生通道，比如商店、警察局、电影院和可以得到帮助的公用建筑。

为了把安全风险降到最低，行动时应该自信，而且有目的。头抬起来行走，双手应该是空出来的。避免与陌生人的视线接触。尤其是年轻人，他们也许认为视线接触是对其“尊严”的一种挑战，而有些特别狂暴的人认为视线接触是一种偏执狂行为。朝他们的方向扫一眼，之后扭开头。永远不要看地面，因为这是相当屈辱的一种姿态。如果在拥挤的地方，比如在火车或者酒吧里发现有人盯着你，应该将身体从那个家伙的方向转开，眼睛朝着中远距离，但要让余光看得见那个人。这可以避免正面冲突，让你能够监视他们，同时迫使他们进入一场他们赢不了的战斗。包和箱子会使你成为恶人袭击的目标。如果并不真的需要带上这些东西，应该留在家里。在街上带包或提箱子的时候，应该将包挂在靠路里面一侧的肩膀上，之后靠着墙走。迫使别人必须从你身外经过。如果必须经过一个站在墙边上或者商店门前的年轻人，应该将包换到另一侧，给他留下很大的距离。

带一只旧钱包，里面塞满跟钱币差不多大小的纸张。同样，也可以用旧钱包装上一些外国硬币或金属垫圈。如果被恶人逼住了，很快将假钱包交给他。他可能要走相当远的一个距离才会去检查自己的战利品！应该穿结实和舒适的系带鞋，这样可以快速逃跑。

罪犯，尤其是吸毒、吸烟和酗酒的罪犯，他们一般不是标准的“径赛明星”，年轻活泼的人很容易将他们甩在后面。结实的鞋子也利于狠劲一脚，如果发现自己脱不开身的话。如果觉得受到特别威胁，不妨考虑带上一根拐杖或雨伞抵挡攻击者。宽松舒适的衣服在发生正面冲突的时候少一些限制。如果扎领带上班，下班的时候应该取下来，或者用纽扣式领带替代。领带很容易被攻击者抓住，你的身体也容易被拖到靶位区。

3　正面对抗

如果与攻击者或一个愤怒的人发生正面对抗，应该努力保持镇定。如果你恐慌，那就完全任由对手处置了。缓慢而有规律的呼吸有助于控制自己的情绪。寻找逃跑路线，但最重要的是，要记得接受过的自卫训练。

健身房里的自卫和在街头的自卫都从“个人空间”开始。想象站在一个圈子的中央，圈子直径约 1 米。这就是你的个人空间。根据“自卫”这个词的定义，我们理解的是，进行防卫的人不能率先攻击。防卫者保持相当大的优势，因为攻击者要攻击你的话，他必须进入你的个人空间。对手采取第一步动作的时候，他要进入一个被你的胳膊和双腿打击所保护的一个空间。以掩蔽的防守姿势站立。身体应该斜对着攻击者（靶位更少）。胳膊和双手应该准备采取行动，但同时应该保护好头部和肋部。右腿（如果喜欢利用右侧的话）应该稍稍靠在左腿后面，必要时准备发动有力的一击！